L'AMIRAL NEVELSKOY

9022. — MAY & MOTTEROZ, Lib.-Imp. réunies
7, rue Saint-Benoît, Paris

L'AMIRAL NEVELSKOY

ET

La Conquête définitive du fleuve Amour

AVEC UNE PRÉFACE DE

Mme JULIETTE ADAM

PARIS

LIBRAIRIE DE LA *NOUVELLE REVUE*

18, boulevard Montmartre, 18

1891

L'AMIRAL NEVELSKOY

A 63 ANS

VÉRA VEND

L'AMIRAL NEVELSKOY

ET

La Conquête définitive du fleuve Amour

AVEC UNE PRÉFACE DE

Mme JULIETTE ADAM

———— ❊ ————

PARIS

LIBRAIRIE DE LA *NOUVELLE REVUE*

18, boulevard Montmartre, 18

—

1894

À Monsieur Félix **FAURE**,

Ministre de la Marine.

Monsieur le Ministre,

Permettez à la fille de l'amiral Nevelskoy de vous remercier de l'honneur que vous faites à son modeste récit, — bien insuffisant pour les nobles figures qu'elle avait à faire connaître aux lecteurs français, — en permettant que ce volume vous soit dédié.

Agréez, Monsieur le Ministre, avec l'expression de ma profonde gratitude, l'assurance de ma très haute considération.

Véra **VEND.**

Franzensbad, 2 septembre 1894.

I.

PRÉFACE

Ce livre est un livre pieux s'il en fût. On y
sent à chaque page le culte et l'adoration. Deux
nobles figures dominent le récit conté et docu-
menté simplement, sans recherche d'art, comme
avec un parti pris sincère de dire : Voyez comme
elles sont grandes naturellement. Ces figures
sont dominées elles-mêmes par une autre
grande entre les grandes, celle de la patrie russe.

La mémoire de l'amiral Nevelskoy était, avant
la publication faite par la *Nouvelle Revue*, non
celle d'un homme incompris du grand nombre,
mais celle d'un inconnu.

Et pourtant, comme elle est digne d'être mise
en lumière ! Quelle suite d'idées, que de logique,

que de constance dans le but poursuivi, quel amour intelligent, calme, obstiné, clairvoyant, génial on peut le dire, des intérêts de la Russie ! quelle conviction chaleureuse, entraînante vis-à-vis de ceux qu'il faut convaincre ! que de douceur et de fermeté, que de bonté paternelle vis-à-vis des sauvages auxquels il faut faire aimer le grand empire du Tsar !

Et tant de vertus patriotiques, couronnées pendant la vie de l'amiral Nevelskoy par le succès, laissées dans un effacement qu'il était impossible à une fille aimante et fière du nom reçu d'admettre ! C'était comme une agonie nouvelle du cher disparu, une seconde mort dont sa fille et ses proches ne pouvaient se consoler.

Véra Vend, ou plutôt Mme de S.., m'écrivit :

« Aidez-moi à réparer une injustice, faites connaître à mon adoré pays celui qu'il méconnaît ; faites aimer à la chère France le nom de mon père. En même temps, éveillez l'intérêt et la sympathie chez les femmes françaises pour ma mère, modèle de ces femmes russes, auxquelles

la passion de leur pays impose tant d'actes
de dévouement patriotique simplement accom-
plis. »

J'ai lu ces pages qu'il faut lire, et c'est avec
émotion que j'ai répondu :

« J'aurai avec vous de la dévotion pour vos
grands morts. »

Juliette ADAM.

L'AMIRAL NEVELSKOY

ET

LA CONQUÊTE DÉFINITIVE DU FLEUVE AMOUR

A la mémoire de Catherine Nevelskoy.

Avant d'aborder le récit qui va suivre, l'auteur, très ému, sollicite la bienveillante indulgence du public français. N'étant ni un écrivain ni un érudit, son œuvre modeste ne saurait, certes, avoir d'autre excuse et d'autre mérite que ceux des sentiments qui l'ont décidé à la publier.

Ces sentiments sont d'abord sa fierté nationale qui le pousse à proclamer le nom de l'amiral Nevelskoy comme l'un des plus nobles et des plus héroïques citoyens de sa patrie ; c'est ensuite le désir ardent de signaler au public français et même à un grand nombre de Russes l'injustice qui fait attribuer à un autre la glorieuse initiative qui appartient à l'amiral Nevelskoy seul.

Dans quelques années, la gigantesque voie

ferrée que l'on construit entre Saint-Pétersbourg
et Vladivostok reliera l'Europe à l'extrême Asie.
L'attention du monde sera vivement attirée sur
des régions aujourd'hui presque ignorées encore, territoire énorme, plus grand qu'aucun
pays de la vieille Europe et qui doit à deux
hommes son annexion à la patrie commune et
son éveil à la vie civilisée. Alors les noms de
Nicolas Mouravieff et de Guennadi Nevelskoy
connus de l'univers brilleront d'une gloire plus
pure que celle des Pizarre ou des Cortez.
Nicolas Mouravieff fut le défenseur officiel de
la question amourienne, son avocat devant
le trône et le gouvernement. Mais Guennadi
Nevelskoy fut le véritable instigateur de l'œuvre,
le chef de l'inoubliable expédition, à la fois
colonisateur et explorateur, toujours prêt à
accepter les responsabilités les plus accablantes,
les luttes les plus terribles, le plus dur, le plus
ingrat labeur, se vouant à l'abnégation la plus
entière, à tous les sacrifices, et n'ambitionnant
comme récompense que le succès de l'œuvre
patriotique elle-même.

Beaucoup de mes compatriotes en Russie
connaissent la grande initiative de l'amiral

Nevelskoy. Mais l'opinion générale, autrefois influencée par les circonstances, et aussi par des inimitiés mesquines et de puissantes malveillances, par inertie et par routine, persiste dans son erreur. Elle admet avec reconnaissance, admiration et respect l'immense signification des découvertes et des travaux de l'amiral Nevelskoy, s'incline, émue, devant son grand caractère et la sublimité de son civisme. Mais elle doute encore de son initiative, indépendante et entière, et en doutant ainsi, elle arrache à la couronne de l'amiral son fleuron le plus beau, le plus glorieux.

Or, cette injustice, il faut que les générations de l'avenir la réparent; c'est pour la fille de l'amiral Nevelskoy un devoir sacré de hâter cette œuvre. C'est pourquoi l'auteur a la fière audace de livrer à la publicité ce récit insuffisant et malhabile. Si pâle qu'elle soit, cette esquisse proclame la vérité et crayonne faiblement les nobles silhouettes; elle dévoile les sublimes sacrifices.

La main dans la main, la France et la Russie se sont donné le baiser, symbole d'une alliance

faite de paix et de justice, union non seulement
politique, mais spirituelle. Le moment me
semble propice pour faire aimer et connaître à
une nation, généreuse, intelligente et chevale-
resque entre toutes, l'énergique pionnier, vrai
type du héros russe, à la fois sublime et modeste, qui, s'il n'a pas encore l'éclatante célé-
brité des Souvoroff et des Skobeleff, des Nahi-
moff et des Bariatinsky, n'en est pas moins une
des gloires de sa patrie et l'une des plus hautes
personnalités de ce siècle.

La femme qui l'a volontairement suivi dans
les âpres solitudes où règne l'épouvante d'un
hiver presque éternel, déserts alors seulement
peuplés de sauvages idolâtres, hideux et sanguinaires, cette belle et jeune femme, pleine de
foi dans l'œuvre de son mari, pleine de courage,
de patience et d'enjouement au milieu des plus
atroces privations, a droit au respect ému de
tous les hommes, à la pieuse vénération de
toutes les femmes. Épouse vaillante et ver-
tueuse, mère admirable, elle a été une grande
citoyenne ; en participant dans la mesure de
ses forces à l'héroïque mission, elle s'est fait un
nom lumineux dans la gloire d'un mari adoré.

Les quelques lettres, hélas! trop peu nombreuses, qu'il a été possible de recueillir et qui seront publiées dans ce récit, la peindront bien mieux que les faibles paroles de sa fille.

Certes, j'ai, comme tous les miens, tendrement aimé les deux héros de notre famille, mais il n'est pas à craindre que la profonde vénération que je porte à leur mémoire ne me fasse jamais dévier du chemin de la plus stricte et rigoureuse vérité. Fièrement, hautement, je rejette d'avance toute accusation de ce genre. Car dans la vie privée des deux nobles morts, la malveillance la plus acharnée ne pourrait relever une seule ombre et, quant à l'œuvre, l'histoire témoigne pour elle.

I

Per aspera ad astra!

Tout au fond de la province de Kostroma, séparée du monde par d'immenses forêts de sapins et de bouleaux et par des prairies à perte de vue, arrosées de rivières paisibles, coupées de ruisseaux, s'élevait, au commencement de ce siècle, blottie sous le feuillage touffu de son vaste jardin, une antique maison de seigneurs, appartenant à une famille appauvrie, mais de noble et très ancienne lignée. De tout temps, du reste, les Nevelskoy ont possédé peu de biens; l'argent ne venait pas à eux, quoique presque tous aient vécu à la cour des vieux Tsars. Un aïeul du célèbre amiral, ayant eu la chance de sauver le Tsar Alexis Michaïlovitch Romanoff d'un péril à la chasse, reçut de ce souverain la terre de Drakino et ses grandes forêts en récompense. L'étoile des Nevelskoy, assez terne toujours, se voila complètement vers la fin du XVIIe siècle. Le chef de la famille se retira dans le domaine de Drakino et n'en sortit plus. Son fils, son petit-fils, toute une lignée de gentilshommes tranquilles et sédentaires, lui succédèrent, menant la vie calme et paresseuse d'autrefois. Jamais, jusqu'au règne de l'empereur Alexandre Ier, aucun d'eux ne sortit de son obscurité, ne fit parler de lui, ne prit part à la vie politique de son pays. Drakino était une thébaïde et aucun bruit du monde extérieur ne venait en troubler la paix ensommeillée. C'est dans ce vieux nid, patriarcal entre tous, que naquit, le 24 novembre 1813, *Guennadi Ivanovitch Nevelskoy,* homme d'action s'il en fût jamais, esprit vif et ardent, génie personnifié de l'entreprise et de la conquête.

Avec sa naissance, le charme semble avoir été rompu dans ce château de la *Belle au bois dormant.* Comme lui, son frère se jette aussi dans la pleine mer de la vie ; Alexis Nevelskoy, à seize ans, embrasse la carrière des armes et colonel, à la tête de son régiment, est tué au siège de Kars (1854), ayant déjà, dans d'autres

2.

combats, obtenu le sabre d'honneur et la croix de Saint-Georges. A l'heure où nous parlons, les Nevelskoy, fort peu nombreux, du reste, sont presque tous au service de la marine.

Dès son plus jeune âge, Guennadi Nevelskoy montra des aptitudes peu communes, unies à une volonté de fer, à un esprit chercheur et sérieux, à une vivacité passionnée, à un cœur chaud, à un caractère fier et intègre. Son oncle maternel, M. Polozoff, homme érudit et bibliophile distingué, fut frappé de la précocité intellectuelle de son neveu et s'occupa de lui avec amour. Sa terre était voisine de Drakino; mais, autant ici on vivait sans pensée, sans inquiétude, dans un demi-sommeil continuel, autant là-bas, entouré de livres, désabusé de tout, sauf des jouissances de l'esprit, l'intelligent vieillard menait une existence de savant et de penseur. L'amiral, plus tard, évoquait souvent son souvenir, avouant devoir à ce sage l'amour de l'exploration et sa volonté tenace. M. Polozoff mourut presque en même temps que le père du jeune Guennadi, alors âgé de onze ans, en prédisant à cet enfant un brillant avenir.

Peu de temps après ce premier cuisant chagrin de sa vie, le jeune garçon fut amené à Pétersbourg et placé au corps de la marine. Le moins âgé parmi ses camarades, mince, fluet, mais jouissant d'une santé de fer, malgré son apparence nerveuse et chétive, le regard à la fois sérieux et ardent sous des sourcils sombres, Guennadi Nevelskoy obtint bientôt et garda le premier rang. Il le garda jusqu'à sa promotion au grade d'officier, promotion retardée d'un an, par ordre spécial de l'empereur Nicolas Ier, Sa Majesté trouvant qu'à quinze ans, avec un extérieur qui le rajeunissait encore, il était impossible de donner l'épaulette au jeune cadet, malgré les excellentes études qui lui valaient l'honneur de voir son nom gravé en lettres d'or sur le marbre dans la grande salle de l'établissement, distinction réservée à fort peu d'élèves.

C'est dans la vaste enceinte de l'École de la marine que les projets du futur amiral prirent naissance. Guennadi Nevelskoy restait pensif, absorbé pendant des heures, dévorant du regard les grandes cartes géographiques, pâlissant sur les livres, employant ses récréations à parcourir avidement des récits de voyages et d'explorations. Toute sa vivacité s'en était allée; emmagasinée pour ainsi dire, elle semblait attendre l'heure de l'action et de la lutte.

— Que fais-tu, Archimède? lui criaient ses turbulents camarades, l'appelant du surnom que maîtres et élèves lui avaient donné à cause de ses remarquables dispositions pour les sciences mathématiques.

— Je pense, répondait le jeune homme, simplement, les yeux perdus, les mains froides et doucement tremblantes, une petite toux sèche et nerveuse secouant parfois son corps mince.

Il n'entendait pas ses compagnons rire autour de lui. Le Nord, le Nord grandiose et lointain l'attirait, sa pensée l'emportant à travers les plaines et les montagnes, les rivières et les lacs dans la contrée mystérieuse, bien loin derrière les confins des terres civilisées; il lui semblait entendre les vagues d'une mer houleuse, golfe immense de l'océan, déferler sur des plages désertes, battre des récifs que nul n'avait contemplés. Un problème se posait à son esprit ardent et interrogateur. Il avait lu que de vastes régions, à peine visitées et parcourues par quelques aventuriers du xviie siècle, s'étendaient illimitées au delà de la Sibérie colonisée. Ces contrées, baignées de fleuves gigantesques, roulant leurs flots profonds entre des rives boisées ou des rochers à pic, des prairies vertes ou des marais silencieux, à qui appartenaient-elles? Qui battait ces forêts giboyeuses, y chassant le renard bleu ou la zibeline, la gélinotte ou le faisan? Qui pêchait dans ces eaux libres? Qui fauchait l'herbe grasse de ces prés? Et, enfin, où déversait-il, le fleuve Amour, le mystérieux Yamour des Toungousses, ces « grandes eaux » dont nul n'avait vu l'embouchure, ni contemplé l'énorme delta? Le jeune cadet avait lu les récits, alors très rares et incomplets, qui faisaient connaître les hardis aventuriers sibériens: Poiarkoff, Chabaroff, Stépanoff et d'autres. Avec une poignée d'hommes, recrutés parmi leurs amis, toujours ils passaient les monts Stanovoï, domptaient quelques hordes sauvages et, après avoir jeté les fondements d'une demi-douzaine de fortifications le long de la rivière Schilka et du fleuve Amour, revenaient à Iakoutsk raconter aux *voïevods* (1) l'épopée de

(1) Au temps des vieux Tsars, les provinces étaient gouvernées par des vice-rois nommés *voïevods*. Les voïe-

leurs expéditions, les suppliant de ne pas abandonner à la rapacité des Mandchous les immenses contrées, dont la richesse en fourrures, en poissons et en bois de construction semblait incalculable. Ils assuraient qu'une petite armée régulière et quelques garnisons bien approvisionnées pouvaient facilement soumettre et tenir en échec les tribus sauvages et libres qui campaient dans ces grands déserts, ne relevant visiblement de personne. Seuls les Mandchous des frontières chinoises venaient parfois cruellement maltraiter les indigènes et faire des razzias sur leurs riches provisions de poissons et de fourrures.

Le Tsar Alexis Michaïlovitch ne se montra pas insensible aux pétitions des différents voïevods d'Iakoutsk. L'ordre fut donné par lui d'organiser une expédition, afin de conquérir définitivement cet immense territoire et de se rendre maître du fleuve Amour. Après quelques escarmouches avec les tribus indigènes, Toungousses, Guiliaks, Holdes, Aïnes et autres peu-

vods avaient des pouvoirs beaucoup plus larges que les gouverneurs d'aujourd'hui. En temps de guerre, ils se mettaient à la tête des troupes que la province levait.

plades, appartenant toutes à la race mongole, et quelques combats beaucoup plus sérieux avec les Mandchous, furieux de voir les blancs envahir les contrées que durant des siècles ils s'étaient habitués à piller, les Russes restèrent en possession du champ de bataille. La victoire remportée, soucieux d'en recueillir les fruits, ils s'empressèrent d'élever de nouvelles fortifications sur les rives pittoresques de l'Amour, tout en agrandissant aussi et en ravitaillant les anciennes. Nertchinsk, Chabarovka et Albazine, cette dernière la plus avancée des trois, furent aménagées avec grand soin. Les Russes prenaient pied définitivement, et peu à peu, grâce à ce talent colonisateur qui leur appartient, grâce à la douceur et à l'aménité particulières aux Slaves, leurs rapports avec les indigènes devinrent aussi réguliers que paisibles.

Cependant, le gouvernement chinois, ému par les plaintes des Mandchous et par leurs descriptions exagérées, résolut de s'opposer à la conquête russe et d'expulser au plus vite d'un territoire limitrophe les hommes inconnus, venus on ne savait d'où et qui pouvaient un jour, craignaient-ils, apparaître sur la frontière de la

Chine elle-même. Des luttes sanglantes, de longs combats, où, durant le siège de Nertchinsk, les Russes soutinrent noblement l'honneur de leur drapeau, aboutirent enfin à un armistice, pendant lequel, après des pourparlers interminables, les délégués chinois et russes élaborèrent en 1689 le célèbre traité de Nertchinsk, qui fut le premier acte diplomatique signé entre les deux empires.

Une clause de ce traité mémorable, qu'il est inutile de rapporter ici en entier, avait pour l'avenir, non pas seulement de la Sibérie orientale, mais pour la politique russe en général, une signification d'une haute gravité. Insérée par l'envoyé russe, le boyard Golovine, et défendue par lui avec une ténacité et une énergie qui démontraient une prévoyance et un sens politique remarquables, dignes de l'éternelle reconnaissance de sa patrie, cette clause fut la base sur laquelle, deux siècles plus tard, l'amiral Nevelskoy fonda l'édifice de l'annexion amourienne.

« Tous les affluents du fleuve Amour, coulant du midi au nord, appartiennent à la Chine, disait cette clause. Les rivières qui se jettent dans le fleuve Amour, du côté du nord, et celles dont le cours s'étend dans la direction des monts Hingana, appartiennent à Sa Majesté le Tsar. Reste neutre le territoire se trouvant entre les susdites montagnes et la rivière Oudi et s'étendant jusqu'aux plages de la mer. »

Ainsi fut tracé pour toujours le chemin qui devait réunir la Russie européenne à l'océan Pacifique, ce chemin qu'aujourd'hui la voie ferrée va rendre si facile, et qui transportera le soldat, le marchand, le touriste, le savant, de Saint-Pétersbourg à Vladivostok, de la Baltique à la mer du Japon. Pendant ce parcours de milliers de verstes, le voyageur russe foulera toujours le sol de l'immense patrie. Il entendra sans interruption la langue maternelle, apercevant, du commencement jusqu'au bout, la croix à huit coins brillant au-dessus des coupoles dorées des églises orthodoxes.

Golovine dut plier devant des forces incommensurablement plus grandes que les siennes, rappeler ses troupes du fleuve Amour et brûler Albazine, comme la plus avancée des fortifications russes. Il se résigna à ne plus dépasser Nertchinsk. Cependant la clause, rapportée plus haut et sur laquelle il avait tant insisté, n'en laissa pas moins le champ ouvert à l'avenir.

Le 28 mars 1836, le jeune Nevelskoy, après avoir brillamment terminé ses études supplémentaires à l'Académie impériale de la marine, obtint le grade de lieutenant de vaisseau et fut embarqué sur la frégate *Bellona*, où S. A. I. Mgr le grand-duc Constantin Nicolaïevitch était enseigne. L'instruction maritime du jeune prince fut confiée au lieutenant Nevelskoy. Tour à tour servant avec Son Altesse Impériale sur *la Bellona*, *l'Aurore* et *l'Inguermanland*, Guennadi Ivanovitch fut attaché au grand-duc pendant plus de onze ans. De 1829 à 1847, il ne resta pas un seul été sur terre; quant aux hivers que son service lui permettait de passer à Pétersbourg, il les employa à étudier âprement la grande question qui le tourmentait depuis son enfance.

Il fouillait les archives, pâlissant sur les cartes et les calculs. Sa pensée aiguë voulait trouver le mot de l'énigme qui le passionnait. Toutes les fibres de son esprit, toute la latente énergie de son âme, se concentraient sur ce problème, tandis que son intelligence si logique et si vaste n'acceptait, ne pouvait admettre la réponse à laquelle il se butait invariablement : « L'embouchure du fleuve Amour est inconnue ; on suppose, et les grands navigateurs le certifient, que ses eaux se perdent dans les sables des plages de l'Océan. »

Le futur amiral se disait alors qu'une force aussi considérable que la masse des eaux fluviales devait s'être creusé un lit, une issue libre vers la mer. Si le Sahaline était réuni au continent par un énorme bas-fond que la mer couvre seulement à la marée haute, comme cela était relevé sur les anciennes cartes, faites d'après les descriptions des Lapeyrouse et des Krousenstern, prouvant que l'embouchure du fleuve Amour est inabordable du côté du golfe tartare, cela démontrait à Nevelskoy qu'une issue très profonde devait exister quelque part pour le déversement de la masse énorme des eaux de l'Amour; et une fois données la largeur et la profondeur de ce fleuve gigantesque, la voie réunissant la Sibérie et par elle la Russie à l'océan Pacifique était trouvée! Quant aux terres du littoral, neutres d'après le traité de Nertchinsk, eh bien, le moment était venu pour

la Russie de s'en emparer. L'importance de
cette occupation était trop grande pour reculer.
La force des choses l'imposait et la rendait
indispensable. Car, songeait le hardi marin, si
les Russes tardent encore à s'affermir dans ces
déserts, la Chine peut un jour s'en saisir, fermer ainsi à la Russie les portes de la mer et
compromettre la sécurité de ses possessions
sibériennes.

La voie une fois ouverte, les deux énormes
bassins des fleuves Amour et Oussouri au pouvoir de l'empire russe, des ports s'élèveraient
sur le littoral d'une mer qui ne gèle jamais, des
contrées fertilisées par la culture approvision-
neraient la Sibérie jalousement et fortement
gardée de toute invasion étrangère. Il rêvait aux
colonies à fonder, au commerce de la Sibérie
prenant une expansion nouvelle, aux commu-
nications facilitées entre l'extrême Orient et
l'extrême Occident de l'empire russe. Et qui
pouvait prévoir les incalculables richesses que
possédait ce pays vierge, ce territoire inexploré, en métaux, en charbon de terre, en
grains, en bois, en fourrures?

Grand Dieu! la tête tournait au jeune capitaine. Un tableau merveilleux se déroulait devant sa pensée éblouie, un avenir éclatant pour la patrie adorée ouvrait à son esprit des horizons féeriques et de son âme dilatée montait vers le ciel ce cri d'une noble, d'une sainte ambition : « O Dieu ! qu'il me soit donné de conquérir ce joyau pour en parer la couronne de ma patrie, fût-ce au prix de tout mon sang, de tous les sacrifices ! »

Mais que d'amertumes dans la pensée de Guennadi Ivanovitch, lorsqu'il songeait à l'insurmontable difficulté de faire accepter à qui de droit l'idée même d'une pareille entreprise (1) ! Elle touchait à tant de questions diverses, délicates et périlleuses. Elle intéressait trois ministères à la fois : celui de la marine, celui de la guerre et celui des affaires étrangères. Ce dernier, malheureusement, n'était guère qu'un

(1) L'opinion, basée sur les insuffisantes recherches du passé, était tellement enracinée dans les esprits, que lorsque le général Mouravieff parla pour la première fois à l'empereur Nicolas de la tentative du capitaine Nevelskoy, Sa Majesté s'écria : « Qu'avons-nous besoin de ce fleuve, une fois qu'il est absolument prouvé que des pirogues et des chaloupes peuvent seules se hasarder dans son embouchure ? »

cénacle de diplomates allemands, imbus de tous les préjugés dont la funeste influence a coûté tant de larmes à la Russie. Que leur faisait, à ces admirateurs aveugles de l'Allemagne, l'humiliation de la dignité nationale ? Ils humiliaient sans cesse la fierté du peuple russe. Avec quel orgueil constatons-nous que les temps sont changés ! La Russie s'est dégagée de la tutelle étrangère et suit, libre et calme, la voie d'une politique purement nationale, grâce à la haute sagesse, à la calme dignité et au patriotisme éclairé du noble souverain qui a su réveiller les fiertés moscovites, même dans le cœur de ceux que l'influence tudesque avait le plus subjugués. Mais à l'époque où le capitaine Nevelskoy osa courageusement soulever la question amourienne, les traditions allemandes, sous la direction du comte Nesselrode, étaient encore complètement dominantes au ministère des affaires étrangères.

Pourtant ce problème de l'embouchure du fleuve Amour avait été posé maintes fois. Plusieurs marins de talent avaient été chargés de l'éclaircir. Même, un académicien, M. Midendorf, fut envoyé faire des recherches sur le rivage de la mer d'Okhotsk. M. Midendorf poussa assez loin ses investigations, mais n'atteignit pas l'embouchure du fleuve Amour. Les échecs des Broughton, des Lapeyrouse et de l'amiral russe Krousenstern, dans ces mers éloignées qu'ils décrivirent pleines de bancs de sable et de bas-fonds, hérissées d'obstacles de tout genre, obscurcies par de fréquents brouillards et, par là, presque inabordables à la navigation, décourageaient les personnes les mieux disposées à soutenir la cause du littoral sibérien et du mystérieux fleuve Amour à l'introuvable delta. Plusieurs années s'étaient écoulées depuis les dernières expéditions, aussi infructueuses que les précédentes, et le silence, le morne silence des causes perdues, se faisait peu à peu sur la question amourienne. Elle semblait écartée pour toujours, et seuls un sourire sceptique et l'exclamation : Quelle folie ! accueillaient les ardentes démonstrations du capitaine Nevelskoy. Mais fou sublime, énergique et convaincu, Guennadi Ivanovitch ne se rebutait pas. S'apercevant qu'il lui serait impossible de vaincre le préjugé et le parti pris en essayant d'obtenir du gouvernement l'ordre d'entreprendre à son tour

des explorations sur le littoral sibérien, il cher-
cha un biais et le trouva.

On fut fort étonné, un jour, au ministère de la
marine, de voir ce brillant marin, érudit, distingué par l'estime particulière de tous ses
chefs, et pouvant, en toute conscience, attendre
le commandement prochain de quelque beau
navire ou recevoir un poste important à l'état-
major de la marine, solliciter modestement le
commandement d'un vaisseau-transport, chargé
du ravitaillement de Petropavlovsk, au Kamtchatka. Il savait, disait-il, qu'un navire de ce
genre, le *Baïkal,* était encore dans les docks de
l'Amirauté, et briguait instamment l'honneur de
le commander, s'engageant aussi à surveiller
attentivement les travaux de son armement et
son chargement. Fort surpris, lui aussi, de cette
étrange requête, le sérénissime (1) prince Menschikoff, chef de l'état-major de la marine, fit
venir Nevelskoy et lui exprima son étonnement,
sa profonde surprise devant une si inexplicable

(1) Quelques familles princières ont le titre de *Swietlost,*
« Altesse Sérénissime ». Le titre ordinaire des princes et
des comtes russes est *Siatelstov,* c'est-à-dire « rayonnement ». On le traduit par Excellence.

démarche de sa part; aussi l'engagea-t-il fortement à revenir sur sa décision. Mais rien ne
put ébranler la résolution du capitaine; ce que
voyant, le prince acquiesça à son désir, lui
ordonnant, dans ce cas, d'aller incontinent se
présenter au général *Nicolaï Nicolaïévitch Mouravieff*, nommé depuis peu gouverneur général
de la Sibérie orientale. Cette présentation était
de rigueur, les commandants des navires envoyés au Kamtchatka dépendant du gouverneur
général et se trouvant à sa disposition pendant
tout le temps qu'ils séjournaient dans ces
parages éloignés.

Le lecteur a compris le but secret du capitaine Nevelskoy. Envoyé dans ces mers lointaines, il se trouverait forcément dans les environs des régions de l'Amour et chercherait le
moyen de s'en rapprocher encore. L'occasion
de les étudier pourrait facilement se présenter
ainsi, et si elle ne se présentait pas, eh bien, on
la ferait naître. — Guennadi Ivanovitch avait
entendu parler du général Mouravieff. On le
disait très intelligent, très énergique, Russe
jusqu'à la moelle des os, et haïssant, comme
aussi le faisait le capitaine, l'influence étran-

gère et l'étroit esprit bureaucratique. Sans tarder d'un jour, Guennadi Ivanovitch se présenta chez le général Mouravieff, fermement décidé à s'ouvrir à lui, à tâcher de vaincre ses préjugés, s'il en avait, et à s'en faire ainsi un auxiliaire et un puissant soutien auprès des sommités gouvernementales.

Lorsqu'on lui annonça le capitaine Nevelskoy, le général Mouravieff le reçut à l'instant même. Il avait, de son côté, entendu parler de ce jeune homme par le prince Menschikoff.

Quelques heures de causerie révélèrent ces deux grandes âmes l'une à l'autre. Ces deux hommes depuis lors se comprirent, s'aimèrent, et, la main dans la main, travaillèrent à la gloire de leur patrie adorée. La bouillante éloquence du capitaine Nevelskoy, ses admirables calculs, la netteté, la précision avec lesquelles il sut prouver la justesse de ses prévisions, son savoir, sa modestie, son ardent patriotisme, sa mâle énergie, tout cela emporta, conquit le général Mouravieff. Ce que lui-même il avait maintes fois pensé, doutant que ce rêve pût jamais s'accomplir, — la parole inspirée de cet officier mince dans sa petite taille, debout,

les yeux brûlants, le geste impérieux, une toux
nerveuse et sèche, coupant de temps en temps
son discours, — ce rêve désormais lui semblait
réalisable. Patriote et intelligent comme il l'était,
le général Mouravieff savait depuis longtemps
toute l'importance de cette œuvre gigantesque ;
les dangers que lui énumérait le capitaine, lui
aussi les prévoyait ; les avantages énormes, il
les avait escomptés dans sa pensée. Mais il doutait encore de la possibilité d'une pareille conquête, et le capitaine Nevelskoy la démontrait
possible, proposant les moyens les plus simples
et les plus pratiques. L'héroïsme et le génie
n'en ont pas d'autres. Seulement, ils s'oublient
eux-mêmes, ils anéantissent tout sentiment personnel dans le sacrifice le plus entier, dans
l'abnégation la plus sublime.

Fermement, résolument, le général Mouravieff
promit son appui à Guennadi Ivanovitch et lui
jura de remuer ciel et terre pour lui faire octroyer le permis d'exploration, qu'ardemment et
en vain il avait déjà sollicité. Depuis ce jour,
ces deux hommes travaillèrent ensemble et dans
l'immense œuvre de l'annexion des vastes régions
de l'Amour, ils eurent chacun leur large part.

Nous le déclarons en toute justice, l'amiral Nevelskoy eût peut-être échoué dans ses héroïques tentatives et brisé complètement sa carrière, sans le noble et patriotique appui du général Mouravieff; mais ce dernier doit incontestablement son titre de comte et la gloire de s'être entendu appeler Amoursky, à la sublime initiative de l'ami, auquel échurent les responsabilités les plus terribles, le labeur le plus ingrat et le plus âpre, les plus durs sacrifices, les plus atroces privations. Il fallait un être aussi entièrement désintéressé, un « fou sublime » comme l'était Guennadi Nevelskoy pour les accepter, ces responsabilités formidables et les luttes terribles qui lui incombaient. Or le général Mouravieff n'eût probablement pas rencontré un autre homme, si admirablement apte à accomplir l'œuvre de colonisation, entreprise après les importantes découvertes de 1849. Le courage, l'abnégation, le désintéressement seuls, n'eussent pas suffi.

A ces vertus, il fallait unir une intelligence, une prévision, un savoir-faire peu communs, un esprit net, une sage économie, beaucoup de tact, de calme, d'intégrité dans les relations avec les

indigènes, un sens politique élevé et des aptitudes administratives incontestables. Le capitaine Nevelskoy réunissait toutes ces qualités
précieuses ; c'était non seulement le patriote
russe, le soldat russe, c'était aussi le Russe
colonisateur par excellence. Il est très probable
que, si même le général Mouravieff se fût décidé
à soulever la question amourienne sans connaître
le capitaine Nevelskoy, il n'eût peut-être jamais
pu effectuer l'annexion à laquelle il songeait, lui
aussi. Or le général Mouravieff ne se décida à
aborder ce délicat problème tout haut et officiellement qu'après sa connaissance des prévisions du capitaine Nevelskoy et son long entre-
tien avec cet homme remarquable.

La parole de Guennadi Nevelskoy lui démontra
un but réalisable et, poussé, stimulé, enflammé
par cette éloquence brûlante de conviction,
concluante dans ses calculs et sa sévère logique,
il résolut d'entrer en lice pour combattre et
vaincre avec lui.

Le lecteur comprend combien la décision de
ces deux hommes était héroïque et digne de
l'éternelle reconnaissance de leurs concitoyens,
car les obstacles qu'ils eurent à surmonter

étaient aussi dangereux qu'innombrables. Il est toujours pénible et difficile de combattre un parti pris, de vaincre un préjugé enraciné. Dans les autres pays, la presse et l'opinion publique étaient déjà une puissance. Dans la Russie de 1848, la presse existait à peine et l'opinion publique était muette. Les fonctionnaires et les vieux généraux seuls avaient la parole, et cette parole ne traitait certes pas de questions originales et d'entreprises audacieuses.

La pensée russe, encore comprimée, attendait le grand réveil, que les malheurs de 1854 amenèrent si douloureusement en secouant la terre russe du faîte à la base. Avoir des idées, des ambitions et des aspirations autres que celles des bureaucrates ou des militaires était alors non seulement insensé, mais fort dangereux, comme on s'en apercevra en temps et lieu.

Après sa longue causerie avec le capitaine Nevelskoy, le général Mouravieff se rendit chez le sérénissime prince Menschikoff et lui raconta ce qui avait été dit et échangé. D'abord très surpris et sceptique, le prince devint pensif; puis, lorsque le général lui soumit le plan d'action

que l'intrépide marin avait suggéré, il comprit
pourquoi Nevelskoy avait demandé le *Baïkal*.
Ce voilier, comme tous les navires de ce
temps-là, avait un an pour sa traversée. Le
commandant s'était engagé à faire diligence, et,
gagnant ainsi quelques mois de loisir, il avait
pensé qu'il pourrait les employer à croiser dans
la mer d'Okhotsk, afin d'explorer attentivement
le littoral sud-est. Le prince Menschikoff ne fit
point d'opposition. La grande affaire était de
hâter l'armement et le chargement du navire
pour lui permettre de prendre la mer au mois
d'août. Le commandant Nevelskoy, sa cargaison
livrée à Petropavlovsk, aurait ainsi l'été de 1849
à sa disposition.

Le prince Menschikoff consentit à faire avancer les travaux et prit des mesures pour que le
Baïkal fût entièrement aménagé vers la fin de
juillet. Mais une grave, une immense difficulté
se mettait en travers du plan projeté : — *seul
un ordre signé par l'empereur pouvait en rendre
l'accomplissement possible.* Or, cet ordre-là, il
était presque impossible de l'obtenir, — le commandant le savait bien. Depuis quelques années
il était expressément défendu d'explorer ces

parages, le ministre des affaires étrangères ayant
déclaré que le gouvernement chinois pourrait
concevoir de l'ombrage en voyant des navires
russes croiser dans des eaux baignant un territoire *que, malgré le traité de Nertchinsk, le comte
Nesselrode s'obstinait à nommer chinois.* Cet
extraordinaire ministre ne songeait pas qu'en
s'abstenant ainsi, la Russie commettait là une
de ces formidables erreurs politiques qui lient
les mains d'un État et ne se rachètent même
pas toujours au prix du sang et des sacrifices.
D'autres, Anglais ou Américains, Japonais ou
Chinois, pouvaient s'apercevoir un jour que les
rives de la mer d'Okhotsk n'appartenaient visiblement à personne et, en y fondant des stations
et des colonies, causer à la Russie un irrépa-
rable dommage. Il importait donc d'empêcher
l'étranger de s'emparer de ces plages désertes;
et, pour éviter ce grave danger, le drapeau russe
devait y être arboré bien vite. Le commandant
Nevelskoy insistait passionnément et énergiquement sur ce point important. Selon lui, la question amourienne devait être résolue hardiment
et sans délai. L'embouchure du fleuve Amour
devait être découverte et fermée aux étrangers,

avant que quelqu'un d'entre eux ne la trouvât et
ne la fortifiât pour le compte de son propre pays.

Invité par le prince Menschikoff à se rendre
auprès de lui, afin de parler de son incroyable
entreprise, le capitaine défendit sa cause avec
son éloquence et sa passion ordinaires. Il n'ad-
mettait pas les droits de la Chine sur le bassin
du fleuve Amour, se basant sur la célèbre clause
du traité de Nertchinsk; il ajoutait que si même
l'ordre impérial ne pouvait lui être remis officiellement, il y avait pourtant moyen de faire
les explorations nécessaires sans inquiéter personne.

— Mais comment, dans ce cas, expliquer l'apparition d'un navire russe dans ces régions-là?
s'écria le prince étonné et incrédule, car je dois
vous avertir que nos diplomates crieront au feu.

— Ma réponse est toute prête, répliqua le
commandant Nevelskoy avec son fin sourire,
les bourrasques et les courants irrésistibles qui
règnent dans ces mers dangereuses auront
pourchassé le pauvre navire et, au milieu des
brouillards de là-bas, il aura complètement
perdu le moyen de s'orienter.

Toujours défiant et malgré sa bienveillance

pour l'intrépide officier, ne pouvant encore secouer les vieux préjugés, si profondément enracinés dans la société d'alors, le prince promit pourtant d'accepter cette explication, quand l'occasion s'en présenterait.

Il s'engageait en outre à hâter le départ du *Baïkal* et à seconder le général Mouravieff dans les démarches relatives au permis officiel, si indispensable, mais que, pensait-il, il serait presque impossible d'obtenir.

— Vous avez un an pour votre traversée, commandant, lui dit-il pendant une de ces dernières audiences qu'il lui donna avant le départ du *Baïkal*, et, vous le savez bien, je n'ai pas le droit de dépasser d'un seul soù la somme réglementaire que vous allez recevoir. Rien de ce que vous désirez ne peut se faire officiellement. Si vous compromettez votre carrière, je m'en lave les mains, je vous en préviens d'avance, car je serai parfaitement impuissant à vous défendre. Aussi vous conseillerais-je de vous en tenir au seul et vrai but de votre destination, c'est-à-dire le ravitaillement du port de Petropavlovsk, car je doute que vous puissiez accomplir votre mission en moins d'un an.

Cependant, malgré ses craintes, le prince Menschikoff réitéra sa promesse de ne rien négliger pour obtenir l'ordre impérial. Le général Mouravieff, de son côté, avant de partir pour la Sibérie, assura le commandant de sa solidarité pleine et entière. En sa qualité de représentant officiel des intérêts de la Sibérie orientale, il lui était facile d'appuyer sa requête sur des raisons spéciales et des nécessités locales, qui peut-être seraient acceptées.

Le commandant Nevelskoy lui écrivit à ce sujet :

« Je vois, d'après mes conversations avec le prince Menschikoff, que, sans votre coopération, il me sera impossible d'obtenir l'autorisation qu'il me faut, c'est-à-dire d'employer les trois mois que j'aurai de libres à explorer et à décrire le littoral sud-est de la mer d'Okhotsk, en commençant depuis la baie de Tougour et continuant jusqu'à l'embouchure du fleuve Amour ; étudier le cours de ce fleuve ; explorer et décrire le littoral nord-est du Sahaline jusqu'à la latitude 52 degrés nord, c'est-à-dire les parages dans les environs desquels l'amiral Krousenstern supposait la barre de quelque grand fleuve, peut-être un bras du fleuve Amour lui-même. Je sais que ces descriptions, relevées sans une autorisation spéciale, me feraient courir le risque d'une responsabilité terrible, d'autant plus sérieuse que le comte Nesselrode s'obstine à déclarer ce territoire appartenant à la Chine. Mais si cette autorisation tarde, le temps est perdu, l'occasion manquée !

« J'en serai d'autant plus désespéré que d'excellents officiers vont servir sous mes ordres et que mon navire est très amplement pourvu. Sentant vivement combien une entière connaissance de ces lieux est indispensable à la Russie, j'eusse employé toute mon énergie, tout mon savoir, afin d'en retracer un tableau consciencieux et précis. Il me serait possible d'étudier sur place à quel point le fleuve Amour et son embouchure sont aptes à la navigation et quels sont les points du littoral les mieux conditionnés pour y fonder des ports abrités et commodes... »

Et, plus loin :

« Il me serait, certes, plus facile de suivre tout simplement mes instructions et de ne pas entreprendre un travail aussi compliqué, avec

si peu de moyens et un bâtiment aussi médiocre.
Mais je suis trop profondément convaincu des
immenses avantages que la patrie en recueillerait, pour oser hésiter un seul instant. Quels
que soient les obstacles que j'aurai à surmonter,
je suis fermement décidé à les braver. J'attends
anxieusement votre réponse. »

D'après ce fragment, le lecteur a deviné la
secrète pensée du commandant Nevelskoy et
lu entre les lignes l'héroïque résolution de
se passer même de l'autorisation impériale
si elle venait à tarder. Il risquait d'être cassé
de son grade pour le moins. Mais tel était
son patriotisme exalté que rien ne put le faire
revenir sur sa décision, ni ébranler son courage.

La réponse que Guennadi Ivanovitch obtint
du gouverneur général de la Sibérie orientale
combla de joie ce noble cœur. L'autorisation et
les instructions nécessaires à ses plans étaient
rédigées par le général Mouravieff dans la forme
même que Guennadi Ivanovitch avait indiquée,
et depuis quelque temps déjà expédiées à Saint-
Pétersbourg. Le gouverneur général y joignait
aussi un rapport, dans lequel il intercédait

chaudement en faveur de leur confirmation suprême.

Dans sa lettre au commandant Nevelskoy, Nicolaï Nicolaïévitch parlait avec admiration de son zèle hautement patriotique ; il espérait que, vu la gravité de la question amourienne pour l'avenir politique, économique et stratégique de la Russie, l'empereur ne refuserait pas de confirmer et de sanctionner les instructions qu'il lui soumettait respectueusement, d'autant plus que le sérénissime prince Menschikoff et le ministre de l'intérieur, Léon Alexéièvitch Perovsky (1) partageaient aussi les convictions de l'intrépide instigateur et les soutenaient de leur mieux.

Les deux frères Pérovsky, Léon Alexéièvitch et Vassili Alexéièvitch avaient rencontré chez le prince Menschikoff l'apôtre de la question amourienne, et étaient tombés sous le charme de sa parole passionnée, de sa sévère logique, de son inébranlable conviction. M. Léon Perovsky, surtout, lui devint un protecteur incomparable et le soutint puissamment, lorsque, un

(1) Plus tard comte Nérovsky.

an plus tard, le comte Nesselrode et le comte Tchernischoff, ministre de la guerre, demandaient sa dégradation à cor et à cri.

Ce fut au prince Menschikoff qu'incomba la tâche délicate de présenter à Sa Majesté le projet d'autorisation rédigé par le général Mouravieff. Cependant, avant de le soumettre à la décision de l'empereur et après l'avoir attentivement étudié, il résolut d'en effacer le paragraphe suivant :

« Explorer minutieusement le littoral sud-est de la mer d'Okhotsk, ainsi que l'embouchure et le limon du fleuve Amour ; décrire aussi le rivage nord-est du Sahaline jusqu'à la latitude 52° N. »

Le prince Menschikoff glissa adroitement à la place de ce paragraphe trop précis celui-ci, beaucoup plus vague et qui laissait le champ libre aux éventualités :

« Explorer le littoral sud-est de la mer d'Okhotsk entre les points définis par d'autres navigateurs. »

— Souvenez-vous qu'en dépassant ces instructions-là, vous courez le risque très sérieux de briser votre carrière, commandant, lui dit le prince.

Et puis il ajouta avec un fin et bienveillant sourire :

— Il faut bien ménager un peu les susceptibilités du comte Nesselrode. Avez-vous la prétention de vous mettre en travers?

Son interlocuteur se taisait, pâle et grave. Mais dans son regard, qui s'alluma soudain, le prince put lire une héroïque et téméraire réponse.

II

Par une limpide matinée, le 21 août 1848, le *Baïkal*, toutes voiles dehors, sortait du port de Cronstadt.

Les officiers qui secondaient le commandant Nevelskoy ont bien mérité de leur patrie, et c'est avec orgueil que nous donnons ici les noms de ces nobles Russes.

C'étaient : MM. Kozakévitch, Grevens, Heismor, Grott, Chalézoff, Popoff, le prince Ouchtomsky et le docteur Berg. L'équipage comptait vingt-huit matelots, un aide-chirurgien et quatorze ouvriers manœuvres.

Dieu seul eut le secret des pensées et des sentiments qui agitaient l'âme de bronze et de feu du sublime téméraire qui voyait, par ce frais matin d'automne, le rêve de sa vie s'accomplir.

Il en était encore au premier degré de l'échelle

lumineuse, il est vrai, mais c'est là souvent le plus difficile à atteindre.

Pourtant, le *Baïkal* ayant pris la mer le 21 août, le commandant Nevelskoy n'avait pas encore en main l'autorisation et les instructions si ardemment convoitées. Elles attendaient toujours la sanction de l'empereur, et force fut de se résigner à les recevoir seulement à Petropavlovsk.

Nevelskoy se garda de divulguer à ses officiers la mission qu'ils allaient remplir sous ses ordres, trouvant inutile de les inquiéter jusqu'au moment où la feuille officielle lui serait remise. Le *Baïkal* visita tour à tour Copenhague, Portsmouth, Rio-de-Janeiro, Valparaiso, et, le 1er avril 1849, il jetait l'ancre dans le port de Honolulu. C'est là que, bien loin de la patrie, les marins du *Baïkal* passèrent le dimanche et la semaine de Pâques. Pendant cette halte, le commandant et les officiers furent reçus en grande pompe par le roi de Hawaï, Kaméoméa, qui les assura du très grand respect qu'il portait à S. M. l'empereur de Russie. Malgré les délices de cet adorable jardin, jeté par un génie bienfaisant au milieu des flots du Pacifique,

Guennadi Ivanovitch ne s'attarda pas aux îles Sandwich. Après s'être amplement approvisionné de vivres et d'eau douce, le *Baïkal* reprit la mer le 10 avril et fit voile pour le Kamtchatka.

Le port de Petropavlovsk fut atteint le 12 mai 1849, c'est-à-dire en huit mois et vingt-trois jours.

Le commandant Nevelskoy écrivait dans son rapport au sérénissime prince Menschikoff :

Avec l'aide de Dieu et admirablement secondé par mes infatigables compagnons, je viens d'achever heureusement ma longue traversée. Le *Baïkal* n'a pas la moindre avarie, son chargement est en parfait état et l'équipage jouit d'une santé excellente.

Comme j'ai eu l'honneur de le dire à Son Altesse Sérénissime, j'ambitionnai arriver à Petropavlovsk dans le courant du mois de mai 1849. Grâce au ciel, mon espoir n'a pas été déçu. Aussi je crois pouvoir accomplir maintenant, et sans occasionner à l'État une dépense considérable, la mission dont Son Altesse Sérénissime a daigné me charger. J'espère l'entreprendre dès les premiers jours de juin, en commençant mes explorations par le littoral nord-est du Sahaline et les poussant jusqu'à la baie de Tougour.

Le gouverneur du Kamtchatka, le capitaine de vaisseau Maschine, rapportait, de son côté, au prince Menschikoff, que non seulement le *Baïkal* était arrivé à Petropavlovsk beaucoup plus tôt qu'on ne l'attendait, son équipage admirablement bien portant et alerte, mais que jamais on n'y avait reçu un chargement aussi bien conservé et aussi soigneusement et amplement aménagé; les ports sibériens étaient désormais approvisionnés pour plus de quatre ans.

Ce fut à Petropavlovsk que le commandant Nevelskoy fit le premier pas sur la voie périlleuse qui pouvait à jamais briser son avenir. De Rio-de-Janeiro, il avait écrit au général Mouravieff ces lignes significatives :

J'espère être à Petropavlovsk au commencement de mai et, mon navire déchargé, *j'ai résolu d'entreprendre les explorations projetées, l'autorisation impériale me fût-elle délivrée ou non.* Je compte de mon devoir de vous en prévenir, espérant que vous voudrez bien me soutenir dans la suite. Je sais parfaitement qu'en agissant comme j'en ai pris la résolution, je risque d'après nos lois d'être cassé de mon grade.

A Petropavlovsk, le commandant Nevelskoy et le capitaine de vaisseau Maschine reçurent tous deux un ordre secret du gouverneur général de la Sibérie orientale, le premier de livrer et le second de recevoir le chargement du *Baïkal* aussi promptement que possible, ce dernier devant reprendre la mer au plus tôt. A cet ordre était jointe une lettre à Guennadi Ivanovitch, dans laquelle le général parlait en termes chaleureux de son héroïque décision et le félicitait de mettre son inaltérable énergie au service d'une cause que lui aussi croyait d'une importance capitale pour l'avenir de la Russie. Il ajoutait que le prince Menschikoff y travaillait de son côté et avait maintenant la ferme espérance d'expédier bientôt l'autorisation confirmée par Sa Majesté l'Empereur.

Or, sans avoir encore cette autorisation en main, entreprendre la description d'un territoire que le gouvernement russe avait déclaré appartenir à la Chine était plus que téméraire, c'était la rébellion, le crime de lèse-majesté. Cet homme héroïque s'y décida cependant, et, s'inspirant du fier proverbe russe : « Dieu est avec l'intrépide », il prit son parti de tout risquer et d'agir quand même. Attendre l'ordre impérial, qui pouvait tarder jusqu'à l'automne, c'était à la fois perdre un temps précieux et une occasion qui ne se renouvellerait peut-être plus. Avec sa spontanéité ordinaire et fidèle à son dicton favori : Ne remets jamais à demain ce que tu peux faire aujourd'hui (1), le commandant du *Baïkal* convoqua ses officiers, et, dans un magnifique élan de conviction profonde et de patriotique inspiration, il leur parla de l'œuvre grandiose pour laquelle il invoquait leur concours, des avantages sans nombre que la patrie en recueillerait, de la gloire qu'ils y trouveraient pour eux-mêmes :

Soyez persuadés, messieurs, dit-il en terminant, que je n'eusse jamais cherché à vous entraîner avec moi, si le moindre ennui pouvait vous menacer. Servant sous mes ordres, vous n'êtes pas responsables des actes que je puis vous faire commettre. Cette responsabilité terrible, je l'accepte entière. Seul j'en porterai le poids et seul j'en répondrai devant le trône et la patrie. Quant à vous, messieurs, je sais que vous ferez noblement votre devoir. C'est la patrie que nous allons servir ensemble, et cette pensée, j'en suis sûr, soutiendra votre courage au milieu des dangers et des épreuves que nous aurons à braver.

Émus jusqu'au fond de l'âme par ces mâles

(1) Que de fois l'a-t-il répété à ses enfants !

VUE DE L'AMOUR.

et nobles paroles, les intrépides jeunes gens répondirent par un hourra unanime.

Le 7 juin 1849, le *Baïkal* fit voile vers les latitudes 50°,40, parages où l'amiral Krousenstern avait supposé la barre d'un bras du fleuve Amour. Après quelques jours de marche par un temps clair et doux, le navire se trouva, à la tombée de la nuit, dans les environs du Sahaline. La sonde était jetée d'instant en instant ; vers onze heures du soir, on entendit le flot battre des brisants. Avançant avec précaution, le *Baïkal,* au matin, fut bientôt devant les hauteurs du rivage. L'horizon s'était éclairci et d'immenses bas-fonds se présentèrent aux yeux des explorateurs. Le *Baïkal* louvoya vers ces rives sablonneuses et soudain, comme si une force magique eût brusquement changé le décor, une nappe d'eau, étincelante au soleil, apparut derrière les sinuosités des bancs de sable, s'étendant dans la direction du méridien et venant se perdre au pied de la côte. Fait d'autant plus extraordinaire que, d'après la carte relevée par l'amiral Krousenstern, le *Baïkal* aurait dû se trouver à dix-neuf milles du rivage.

L'entrée de la sorte de lac qui miroitait là-bas

était encore invisible derrière les bas-fonds. Le commandant fit promptement descendre une chaloupe qui rasa la côte, tandis que le navire la suivait lentement. Un instinct secret l'avertissait que cette eau bleue qu'il voyait, et dont la ligne des sables obstruait encore l'issue à ses yeux avides, n'était pas un lac, comme ses contours semblaient l'indiquer, mais un *détroit* profond, et que ce détroit qu'il pressentait, le cœur palpitant d'anxiété, devait séparer *l'île* de Sahaline du continent asiatique (1). Ses calculs et ses prévisions furent justifiés. Quelques heures plus tard, le *Baïkal* jetait l'ancre dans un vaste golfe, en face de l'énorme chenal qui fuyait vers le nord et se perdait derrière la ligne étincelante de l'horizon !

Les officiers, envoyés en chaloupes à la reconnaissance de ce détroit nouvellement découvert, rapportèrent qu'une grande barre de flot, ayant neuf pieds de profondeur, s'étendait à son entrée ; quant au lac, il comptait de vingt à vingt-cinq pieds. Rempli de bancs de sable, de bas-fonds et de vase, on ne pouvait y navi-

---

(1) Jusqu'aux découvertes de l'amiral Nevelskoy, le Sahaline était compté pour une presqu'île.

guer qu'avec les plus grandes précautions. Ils
ajoutèrent que les eaux de ce lac se précipi-
taient vers la mer avec une extrême violence.

Le soir, le commandant, toujours à l'affût,
découvrit que le courant, qui filait du sud au
nord, prenait tout à coup la direction du nord
au sud, tandis que les détritus vaseux, entraînés
d'abord vers le nord-est, tournaient subitement
vers le sud-est. Cette circonstance lui fit deviner
la cause de l'erreur de l'amiral Krousenstern,
qui avait pris ce contre-courant pour la barre
d'une grande rivière.

Comprenant combien l'irrégularité des côtes
et la quantité des bas-fonds et des bancs de
sable rendaient difficiles et compliquées les descriptions de ces rives capricieuses, le commandant Nevelskoy résolut de procéder à son exploration, en prenant les précautions les plus
minutieuses. Une chaloupe précédait toujours
le vaisseau, et à mesure qu'il s'avançait en
longeant le littoral, il apparaissait mieux que
le cours du fleuve ne s'accordait nullement avec
la carte de l'amiral Krousenstern. Guennadi
Ivanovitch croyait d'abord que ses chrono-
mètres étaient en défaut; mais il les avait

vérifiés à Petropavlovsk, et pendant toute la
traversée ils ont toujours été parfaitement réguliers. Alors, malgré sa modestie, il dut s'avouer
avec une joie profonde qu'il ne se trompait
pas et que l'erreur appartenait entièrement aux
illustres navigateurs qui l'avaient précédé dans
ces mers ignorées et lointaines. Or, cette grave
erreur, il la dissipait en cet instant solennel. Le
détroit qu'il venait de découvrir, — et qu'avec
modestie il appela le détroit Tartare, bien qu'il
eût pu lui donner son nom (1), — séparait l'île
de Sahaline du continent asiatique et avait pour
la Russie une importance de premier ordre.
Il abrégeait la communication entre la mer
d'Okhotsk et la mer du Japon, et lui ouvrait
un libre et direct passage vers le Pacifique.

Ayant terminé ses travaux sur la côte sahaline, le commandant Nevelskoy fit voile vers le
littoral du continent. Sans donner la description spéciale et technique de ces importantes
explorations (ce qui du reste nous est totale-

(1) La plupart des cartes russes adoptent à présent pour
ce détroit le nom de l'amiral Nevelskoy. Sur d'autres, il
est désigné par les deux appellations : détroit Tartare ou
Nevelskoy.

VUE DE L'AMOUR.

ment impossible), nous nous bornerons à constater qu'au dire des personnes compétentes elles furent accomplies avec une précision et un savoir supérieurs.

Pendant des semaines entières, le commandant, les officiers et l'équipage travaillèrent avec un zèle et un dévouement dignes d'admiration. Longeant le littoral tantôt à pied, tantôt en chaloupe, souvent jetés hors de leurs frêles embarcations par des lames énormes et ruisselants d'une eau glacée, lancés brutalement sur les galets des plages, les intrépides marins atteignirent enfin l'immense banc de sable qui, du côté du golfe Tartare, obstrue et cache entièrement l'embouchure du fleuve Amour. Ce banc de sable avait été la cause de l'erreur des Broughton, des Lapérouse et des Krousenstern qui, tous les trois, l'avaient pris pour l'isthme réunissant le Sahaline au continent. Après quelques reconnaissances attentives, *le commandant Nevelskoy découvrit, le 22 juillet 1849, un large et libre passage entre les bancs de sable et les brisants; or c'était l'embouchure même du fleuve Amour*, parfaitement dégagée, qui apparaissait enfin dans toute sa majestueuse immensité! Ainsi, la grande issue libre des eaux fluviales était trouvée. Elle s'étendait toute bleue, par le matin ensoleillé, se moirant sous la brise légère, et les yeux du grand patriote la contemplaient éperdus.

Après quelques semaines employées à étudier et à décrire ces lieux qu'aucun être civilisé n'avait encore visités, force fut à Guennadi Ivanovitch de clore ses explorations. De jour en jour, pourtant, elles devenaient plus intéressantes. Le commandant avait fait la rencontre de quelques indigènes, assez doux et serviables, et qui paraissaient aptes à le guider dans ses recherches. Mais il fallait se décider à les terminer. L'automne s'avançait et il était temps de faire voile pour le port d'Aïaun, qu'on devait atteindre au commencement du mois de septembre.

Pendant sa traversée, le navire rencontra un petit vaisseau, envoyé d'Aïaun à sa recherche, le bruit s'y étant répandu que le *Baïkal* avait péri dans ces mers dangereuses.

Le lieutenant Orloff, qui le commandait, annonça une grande joie à l'heureux explorateur. Anxieux de connaître au plus vite le résultat de la hardie et téméraire entreprise du commandant Nevelskoy, le général Mouravieff prétextait une inspection dans les ports que la Russie possédait à cette époque sur le littoral de la Sibérie orientale, pour pousser jusqu'à Aïaun, résolu de l'y attendre. Il était accompagné de Mme Mouravieff, qui avait intrépidement suivi son mari dans ce voyage long et périlleux. Cette femme courageuse était née Française et fraîchement débarquée de Paris; le dur pèlerinage à travers les montagnes sauvages, les plaines, les marécages, les mugissantes rivières et les torrents, devait même, par le splendide mais court été sibérien, lui paraître particulièrement pénible. Elle en racontait plus tard des épisodes fort intéressants, avec une grâce sérieuse qui seyait admirablement à sa calme et régulière beauté.

Ce fut donc à Aïaun que se revirent ces deux hommes si bien faits pour se comprendre et qui, la main dans la main, ont glorieusement travaillé à l'annexion des vastes provinces de notre extrême Orient. Le lecteur se figurera aisément les émotions qui agitaient ces nobles cœurs, lorsqu'ils se retrouvèrent après les graves et significatifs événements que nous venons de relater. « L'impatience du général Mouravieff était si grande, écrit l'amiral dans ses Mémoires, que lorsque le *Baïkal* fut signalé dans le port, il se jeta dans une chaloupe et se fit conduire à sa rencontre. « Nevelskoy! d'où venez-vous? » cria-t-il dès que le vaisseau fut à portée de voix.

— Hourra! Excellence, répondit Nevelskoy du haut de la dunette, les erreurs séculaires sont dissipées! Le Sahaline est une île et l'embouchure du fleuve Amour est découverte!

— Hourra! Hourra! Hourra! » criait-on dans la chaloupe.

Le gouverneur général et sa suite écoutèrent avec avidité le récit de l'intrépide marin. La joie inondait tous les cœurs. En Sibérie, on comprenait bien l'immense signification et la haute importance de ces découvertes et le grand rôle politique, économique et stratégique qui désormais allait échoir au fleuve Amour. Quant aux vastes et fertiles déserts formant son immense bassin, l'aurore de la civilisation se levait pour eux, grâce à cette initiative de génie.

Or ce n'est qu'à Aïaun que le commandant Nevelskoy reçut l'autorisation impériale.

L'âme pleine d'une joie ineffable, Guennadi Ivanovitch rédigea au prince Menschikoff le rapport suivant, envoyé à Saint-Pétersbourg par un courrier spécial (1) :

Le chargement de mon navire livré à Petropavlovsk, je m'empressai de profiter du temps dont je pouvais disposer et, le 30 mai 1849, je repris la mer en me dirigeant vers la côte orientale du Sahaline. Dieu aidant, il nous fut possible, à mes officiers et à moi, de dissiper les fausses conclusions de nos illustres prédécesseurs et faire une reconnaissance minutieuse du limon du fleuve Amour et du littoral sud-est de la mer d'Okhotsk.

Nous découvrîmes :

1° Que le Sahaline est *une île*, séparée du continent par *un détroit* de quatre milles de largeur et dont la profondeur, même dans les eaux les plus basses, n'est jamais au-dessous de cinq sagènes (2) ;

2° Que *l'entrée dans l'embouchure du fleuve Amour* du côté du nord par la mer d'Okhotsk et du côté du sud par le golfe et le *détroit Tartare*, ainsi que la communication entre la mer d'Okhotsk et la mer du

(1) Capitaine d'infanterie Korsakoff, plus tard gouverneur général de la Sibérie orientale.

(2) C'est-à-dire 15 archines, à peu près 12 mètres.

Japon par le limon du susdit fleuve, *sont faciles pour les navires de toutes les classes;*

3° Que près du rivage sud-est de la mer d'Okhotsk se trouve une vaste rade naturelle, abritée de tous les côtés. — Je l'ai nommée le golfe Nicolas.

En rapportant respectueusement à Son Altesse Sérénissime l'heureux résultat de cette expédition, je m'empresse aussi de signaler à son attention l'admirable dévouement de MM. les officiers, le zèle et l'excellente conduite de l'équipage. Tous, sans exception, ont fait saintement leur devoir.

Le lecteur appréciera à sa juste valeur l'extraordinaire modestie du chef de l'expédition.

Le commandant Nevelskoy, par ordre du gouverneur général, le suivit à Irkoutsk (1), — chef-lieu de la Sibérie orientale, — où il aida le général Mouravieff à élaborer un vaste projet d'annexion d'abord, de colonisation ensuite, des immenses territoires encore neutres, pleins de richesses brutes, attendant la main civilisatrice

(1) La Sibérie orientale est à présent divisée en deux gouvernements généraux. Le premier a conservé Irkoutsk pour chef-lieu. Le second comprend les territoires annexés grâce aux travaux de MM. Mouravieff et Nevelskoy. Son chef-lieu est l'antique Chabarovka et il a nom de gouvernement général des régions de l'Amour *(Priamoursky Kraï).*

qui devait les réveiller à la vie politique et industrielle. Ce projet, par lequel les deux nobles patriotes s'efforçaient d'éviter à la Russie une irrémédiable erreur, devait être soumis à l'empereur par le gouverneur général lui-même.

Pendant son séjour à Irkoutsk, le commandant Nevelskoy fut promu en grade, distinction qu'il devait obtenir d'après la loi, nonobstant ses découvertes, ayant commandé un bâtiment chargé de l'approvisionnement des ports du Kamtchatka. D'après cette même loi, il eût dû, en récompense de ses brillantes explorations, être décoré de l'ordre de Saint-Vladimir quatrième classe et recevoir en plus une pension viagère. Mais l'animosité des ministres comte Nesselrode et comte Tschernischoff, qualifiant ses actes *de coupable et téméraire audace*, influença si fort le ministère de la marine que, malgré les énergiques protestations du prince Menschikoff et du ministre de l'intérieur, Perovsky, on eut toutes les peines du monde à le sauver de la dégradation. Il dut s'estimer heureux d'avoir gardé ses épaulettes.

Ce grand coupable revint à Pétersbourg le 28 janvier 1850. Il fut immédiatement reçu par le prince Menschikoff, qui le félicita chaleureusement et l'informa que Sa Majesté l'Empereur, non seulement lui pardonnait sa noble témérité, mais daignait déclarer ses actes aussi courageux que louables, par les brillants résultats qu'il avait su atteindre.

Une commission spéciale fut convoquée par l'ordre du monarque, chargée de délibérer sur les rapports du gouverneur général de la Sibérie orientale. Cette commission, dont le prince Menschikoff et M. Perovsky faisaient partie, était présidée par le comte Nesselrode, assisté du ministre de la guerre comte Tschernischoff, du chef du Département asiatique Siniavine, du conseiller Berg et autres personnages haut placés; cette commission, disons-nous, se déclara profondément hostile à tous les projets du gouverneur général de la Sibérie orientale et surtout à la personne du capitaine de frégate Nevelskoy, qu'elle était décidée à lancer vertement de son audace.

— Vous serez appelé à comparaître devant ce tribunal, commandant, lui dit le prince Menschikoff, après qu'il eut avec un ardent intérêt suivi le récit de son interlocuteur et examiné attentivement les cartes qu'il avait relevées sur les lieux. — Je dois vous prévenir que Perovsky et moi serons seuls à vous défendre. Il vous faudra faire appel à toute l'énergie de votre caractère et plaider la cause du fleuve Amour aussi brillamment que vous venez de le faire devant moi. Sollicitez sans retard une audience au ministre de l'intérieur et faites-lui connaître les détails que vous m'avez donnés.

M. Perovsky fit au commandant Nevelskoy le plus chaleureux accueil, écouta son récit avec un vif intérêt et se réjouit de cœur de sa réussite.

— Par malheur, dit-il, les diplomates se fâchent tout rouge et le ministre de la guerre, aiguillonné par le comte Nesselrode, déclare vos actes un crime à la fois de lèse-majesté et de discipline militaire. Quant au ministère des affaires étrangères, il les signifie dangereux et pouvant compromettre nos bons rapports avec la Chine. Le fait est que ces messieurs se basent exclusivement sur les rapports de notre légation à Pékin et sur les descriptions de l'amiral-baron Wrangel, votre prédécesseur dans ces parages éloignés, assurant l'un et l'autre que les Chinois ont de grandes fortifications sur les rives de l'Amour et y entretiennent une armée assez considérable pour repousser toute invasion étrangère du côté de l'Océan.

Un sourire railleur plissa les lèvres de l'intrépide accusé, lorsque cette ridicule déclaration lui fut pompeusement faite par le président de la redoutable assemblée. Debout devant ce tribunal malveillant et hostile, modeste, mais plein d'une calme dignité, nullement intimidé par les regards hostiles des militaires ou la blessante ironie des diplomates, il dit tout simplement la vérité et, comme un moderne Vasco de Gama, rencontra l'incrédulité la plus complète, subit la même accusation de mensonge.

En homme ayant tous les courages, celui de l'action comme celui de la conviction et de la pensée, Guennadi Ivanovitch réfuta énergiquement les erreurs précédentes, les ridicules rapports de la légation russe à Pékin et les étranges conclusions de l'amiral baron Wrangel :

— Le fleuve Amour, dit-il d'une voix ferme, avec son immense bassin, embrassant des milliers de verstes et la plus grande partie du littoral sud-est de la Sibérie orientale, peut et doit appartenir à la couronne russe. La Chine n'a aucun droit sur ces contrées neutres, et il suffit de jeter les yeux sur le traité de Nertchinsk pour s'en convaincre tout à fait. Le gouvernement russe attendra-t-il que les Anglais ou les Américains viennent y jeter des colonies redou tables et fermer ainsi à la Sibérie le libre accès de l'Océan? La Russie européenne se ressentirait, elle aussi, de cette déplorable erreur politique. Qu'une guerre éclate entre elle-même et une puissance maritime quelconque, et mes craintes seraient malheureusement justifiées. J'atteste hautement devant la noble assemblée, et je le jure sur mon honneur de soldat et de gentilhomme, que seules de rares tribus indigènes habitent ces vastes déserts, où la Chine n'a ni fortifications ni armée, où jamais aucune influence politique n'a pénétré. J'affirme que ces sauvages, Guiliaks et autres, seront facilement soumis au sceptre impérial. Quant à l'influence russe en Chine, il est impossible de lui laisser courir le risque d'être ébranlée par l'apparition possible d'étrangers dans ces parages limitrophes. Ces régions, la force des choses en exige aujourd'hui l'annexion immédiate. Le fleuve Amour doit fatalement appartenir à l'empire et le drapeau russe flotter sur ses rivages.

Il répondit par ces fières paroles aux reproches violents du crime de lèse-majesté, dont le chargeait le ministre de la guerre :

— Si je me suis décidé à entreprendre l'exploration de l'embouchure du fleuve Amour avant d'avoir eu le bonheur de recevoir l'autorisation sanctionnée par Sa Majesté l'Empereur, seul mon gracieux souverain peut m'en punir ou m'en absoudre. Tout ce que je rapporte ici est de la plus stricte, de la plus rigoureuse vérité. Dieu et mes nobles compagnons aidant, il m'a été donné de dissiper les erreurs séculaires, et cette vérité, mon devoir m'impose de la proclamer à mes concitoyens, fût-ce même au prix de tout mon avenir!

Les débats furent longs et passionnés, les découvertes et les assertions du commandant Nevelskoy ayant heurté trop d'amours-propres et suscité trop de haines, sans parler de l'étroitesse de vue du plus grand nombre. Or le projet du gouverneur général de la Sibérie orientale, basé qu'il était uniquement sur les résultats de la récente expédition, ne pouvait être ni reçu avec bienveillance, ni discuté avec conscience et intégrité. Il avait contre lui les diplomates que les déclarations de Guennadi Ivanovitch avaient blessés dans leur précieuse infaillibilité, en couvrant de ridicule les rapports de la légation de Pékin qui, brillamment, prouvait son ignorance profonde des faits véritables, en signalant une Chine belliqueuse dans des parages sur lesquels elle ne manifestait aucune prétention; le ministre de la guerre et les vieux militaires, outrés de l'audacieuse témérité d'un militaire; la plus grande partie des membres

du conseil, impuissants à secouer l'ancien préjugé, ou sourdement hostiles à toute indépendance d'action et de pensée; et enfin, le groupe
menaçant de ceux qui avaient échoué là où le
hardi explorateur avait réussi.

Cependant, grâce à l'intelligente et patriotique intervention du prince Menschikoff et du
ministre de l'intérieur, convaincus tous les deux
des immenses avantages de cette annexion, si
le projet du général Mouravieff se trouva rejeté
par la commission, elle rédigea pourtant un
compromis qui fut présenté à l'approbation
de l'empereur. Il y était proposé d'inviter le
gouverneur général de la Sibérie orientale
« à prendre des dispositions pour l'organisation
d'un hivernage sur un point quelconque du littoral sud-est de la mer d'Okhotsk, *mais sous
aucun prétexte dans le voisinage du limon du
fleuve Amour, encore moins sur une de ses rives.*
Le chef de l'expédition sera autorisé à nouer
des transactions commerciales avec les Guiliaks, *mais à la condition expresse de ne jamais
aborder avec eux la question du fleuve Amour, ni
prendre des renseignements sur les régions qui
l'environnent.* Le capitaine de frégate Nevelskoy

fera désormais partie de l'état-major du gouverneur général et sera chargé de rechercher sur le susdit littoral une place commode pour l'hivernage. Le gouverneur général aura soin de lui donner une escorte de vingt-cinq cosaques qui, sur le lieu choisi, procéderont aux constructions indispensables. »

Le jour où Sa Majesté daigna sanctionner ces instructions, elle signa aussi la promotion de Guennadi Ivanovitch au grade de capitaine de vaisseau.

Malgré l'insuffisance de l'autorisation dont il était muni, ce dernier partit pour la Sibérie, le cœur plein de joie et d'espérance. Il avait, malgré eux et nonobstant leur mauvais vouloir, attiré sur ces régions lointaines l'attention de tous les hauts fonctionnaires de l'État, soulevé la grave question amourienne, excité l'intérêt de l'empereur lui-même. C'était là une belle victoire, et qui le payait de toutes les amertumes et des humiliations dont on l'avait abreuvé. Envers et contre tous, il était parvenu à se faire donner une mission officielle.

Accompagné du lieutenant Orloff, délégué par

le gouverneur général, afin de le seconder dans ses travaux, et suivi d'une compagnie de vingt-cinq hommes, le capitaine Nevelskoy commença ses recherches par l'exploration attentive des rives du *golfe de la Chance*. Il y découvrit un promontoire, ou plutôt une langue de terre avançant assez loin dans la mer. S'étant décidé pour ce point, il y fit jeter, le 29 juin 1850, les premiers fondements d'une station à laquelle il donna le nom de Petrovsk, en honneur de la Saint-Pierre dont c'était la fête. Cette espèce de môle naturel présentait les avantages d'un petit port et pouvait facilement abriter les navires, dont le chargement s'opérerait ainsi sur le rivage même. Pourtant il n'avait pas l'intention de signaler Petrovsk comme autre chose qu'un poste provisoire. Ce n'était au fond, en ce moment-là, qu'un prétexte. Le vrai but de Guennadi Ivanovitch était de s'emparer de l'embouchure de l'Amour et de fermer à jamais son accès à d'autres nations. Laissant à Petrovsk M. Orloff, avec le gros de la troupe, il fit aménager une grande chaloupe, dans laquelle il eut soin de mettre un fauconneau et une ample provision d'armes, de poudre et de vivres, et se faisant accompagner par six cosaques et deux interprètes, le Guiliak Paswein et le Toungousse Athanase, parlant tous deux le russe et connaissant presque tous les dialectes indigènes, il fit voile bravement vers l'embouchure du fleuve Amour, décidé à y arborer le drapeau de la patrie.

La petite embarcation mit à la voile sans encombre, mais à proximité du cap Tir, une foule d'à peu près deux cents hommes, Guiliaks et Mandchous, apparut sur le rivage. Elle sembla d'abord stupéfaite, puis très inquiète; la chaloupe stoppa, et le capitaine, suivi de sa petite troupe, se dirigea tranquillement à sa rencontre.

Un vieux Mandchou, à l'air arrogant, écrit l'amiral Nevelskoy dans ses mémoires, était assis sur un tronc d'arbre. Les Guiliaks, en me le montrant, le nommaient le Djanguine (riche vieillard). Il me demanda avec impertinence de quel droit j'avais abordé et me trouvais dans ces parages. Je lui fis identiquement et hautainement la même question. A cela il me répondit, avec une grossièreté extrême, que les Mandchous seuls avaient le droit de venir dans ces lieux. Je lui fis traduire qu'il mentait et que, selon la stricte vérité, c'étaient les Russes et non les Mandchous qui possédaient ce droit, et j'exigeai que lui et ses compa-

PEUPLADES DES RIVES DE L'AMOUR.

Holdes et Mandchous, de Guiliaks et de Toungousses.

gnons quittassent le pays à l'instant même. Alors le Djanguine, d'un air menaçant, me montra la foule et me somma de m'en aller, sans quoi, vociférait-il, il saurait me contraindre à l'obéissance. A ces impudentes paroles, je tirai calmement un revolver de ma poche et, le braquant sur le Djanguine, lui déclarai que je le tuerais si quelqu'un faisait mine de bouger; quant à mes hommes, armés jusqu'aux dents, ils vinrent silencieusement se mettre à mes côtés. Mon attitude résolue intimida la foule. Les Mandchous reculèrent de quelques pas, tandis que les Guiliaks, se séparant d'eux, semblaient s'amuser de leur déconfiture et se moquer de leur poltronnerie avec une joie haineuse. Ceci me fit deviner l'inimitié sourde qu'ils portaient à leurs oppresseurs, et me donna la conviction qu'enchantés de les voir humiliés, ils me prêteraient main-forte en cas de conflit. Le Djanguine, de son côté, le comprit fort bien. Aussi se mit-il tout à coup à me faire de profondes révérences, me demanda humblement « mon amitié » et m'invita à visiter sa tente en qualité d'hôte hautement estimé. Je consentis à accepter son invitation, et après une longue conversation que je sus diriger dans la voie utile à mon but, je recueillis les informations suivantes : le gouvernement chinois avait sévèrement défendu aux Mandchous habitant sur les limites de ce vaste territoire neutre d'approcher du fleuve Amour et de parcourir les contrées qui l'environnent. Cependant ils faisaient impunément bon marché de cette

défense, grâce à la protection des petits employés
de la ville limitrophe de Sen-Zina, et payaient cette
indulgence par de fréquents et riches cadeaux, consistant principalement en magnifiques fourrures de
zibeline que les Guiliaks, les Holdes et les Mangounes
échangeaient volontiers contre toute sorte de paco-
tilles et surtout contre l'*arack* (espèce d'eau-de-vie).
Il n'existait ni fortifications, ni armée, ni même de
postes chinois sur toute l'étendue du bassin de
l'Amour, jusqu'aux confins mêmes des régions avoi-
sinant les monts Hingana. Quant aux peuplades qui
habitaient ces immenses déserts, elles ne payaient
de tribut (*iassak*) à personne et n'étaient soumises
à aucune domination. Les Guiliaks m'informèrent
encore d'un fait de la plus haute gravité et qui, en
justifiant toutes mes prévisions et mes craintes, m'af-
fermit dans ma résolution. Depuis quelque temps
déjà, de grands navires étrangers mouillaient chaque
printemps près des rives du golfe Tartare; les hommes
blancs (Anglais et Américains) descendaient à terre
et brutalement enlevaient aux sauvages toutes leurs
provisions de poissons et de fourrures, commettant
en outre des cruautés et des outrages qui restaient
toujours impunis ; les Guiliaks, ne sachant à qui
s'adresser pour demander aide et protection et n'ayant
aucun moyen de se défendre eux-mêmes, ne savaient
comment repousser et châtier les intrus. Saisissant
l'occasion, je m'empressai alors de leur déclarer que
si les Russes n'étaient venus de longtemps dans ces

parages, ils ont pourtant toujours compté le fleuve Amour comme appartenant à l'empire, ainsi que tout le territoire qui s'étend jusqu'à la mer, y compris l'île de Sahaline (Karafta). Le grand Tsar (Pili-Pili-Djanguine : très très riche vieillard), pour protéger les pauvres indigènes, ses sujets, des avanies étrangères, a décidé de placer des postes militaires près du golfe de la Chance (Iskaï) et de l'embouchure du fleuve Amour (Yamour : grandes eaux), décision que, moi, l'envoyé du grand Tsar leur déclare solennellement. Afin que la volonté du grand Tsar soit connue des étrangers, je leur laisse un écrit qu'ils seront obligés de montrer aux chefs de leurs navires.

L'écrit dont parle l'amiral était une déclaration, au nom du gouvernement russe, de la prise de possession de l'île de Sahaline et du territoire formant les bassins des fleuves Amour et Oussouri et arrivant jusqu'aux frontières de la Corée, avec défense aux étrangers de maltraiter et de piller les indigènes, ceux-ci étant désormais sujets de l'empire. Pour affirmer sa prise de possession, le gouvernement impérial, disait-il, est en train de fonder des postes militaires à proximité et sur le rivage du golfe de la Chance et à l'entrée même de l'embouchure du fleuve Amour. Les commandants des navires étran-

7.

gers s'adresseront dorénavant aux chefs de ces postes dans les cas de malentendus et de contestations avec les indigènes.

Le lecteur appréciera cet acte de courage et de patriotisme. L'homme qui l'accomplissait acceptait une responsabilité effrayante, non seulement en outrepassant toutes ses instructions, mais aussi en rédigeant au nom de la Russie une déclaration de prise de possession envers et contre les décrets sanctionnés par son souverain et contresignés par tous ses ministres.

Ayant mis d'accord les Mandchous et les Guiliaks, continue l'amiral, je retournai sur mes pas et j'atteignis le cap Kouegda, situé à l'entrée même de l'embouchure de l'Amour. Là, devant une foule d'indigènes, accourus des villages voisins, et tandis que mes hommes tiraient du fusil et du fauconneau, *j'y plantai le drapeau russe* en ce jour du 1er août 1850, après une courte, mais fervente prière d'actions de grâces au Dieu qui m'en avait donné le bonheur. Laissant auprès du drapeau un poste militaire que j'appelai *Nicolaïevsk* (1), je retournai à Petrovsk par terre, dans un véhicule primitif attelé de rennes.

Arrivé à Petrovsk, Guennadi Ivanovitch vit

(1) Port existant jusqu'à nos jours.

deux navires étrangers à l'ancre sur sa rade, baleiniers l'un et l'autre : le premier, venant de Hambourg ; le second, d'Amérique. Il s'empressa aussitôt de leur faire les déclarations nécessaires.

Tous les jours, les Guiliaks venaient en foule demander la protection des Russes en exprimant le désir d'être désormais sujets du Pili-Pili-Djanguine. Voyant à quel point l'occupation russe était appelée et désirée par les indigènes et afin de pouvoir, un jour, justifier ses actes devant l'empereur et le gouvernement, le capitaine Nevelskoy proposa aux Guiliaks de choisir des délégués qui certifieraient cette requête à Aïaun en présence de quelques fonctionnaires de l'État. Il s'embarqua lui-même avec eux sur l'*Okhotsk*, transport appointé pour le service de Petrovsk. Au port d'Aïaun, devant M. Kaschevaroff et l'évêque du Kamtchatka, Mgr Innocent (1), qui s'y trouvait de passage, les envoyés

(1) Célèbre par sa magnifique activité comme missionnaire, Mgr Innocent a non seulement évangélisé les tribus idolâtres, mais leur a composé un alphabet et traduit les *Saintes Écritures* en leur langue. Plus tard métropolite de Moscou, il était un grand et fidèle ami de l'amiral et de Mme Nevelskoy. Mort en 1877, l'auteur se souvient très

guiliaks demandèrent la protection de la Russie
contre les Européens et les Américains, rapaces
et tyranniques. Ils déclarèrent ensuite solennellement qu'aucune des peuplades habitant le
long du fleuve Amour jusqu'aux monts Hingana
(chaîne de pierre), du fleuve Oussouri et de la
mer, n'a été sous la domination chinoise, ni
payé de tribu à personne. L'*Okhotsk* ramena
les délégués guiliaks à Petrovsk, chargé d'une
ample provision de vivres et de munitions; il
avait à bord la famille du lieutenant Orloff, que
Guennadi Ivanovitch, qui devait se rendre à
Irkoutsk pour y faire son rapport au gouverneur
général, laissait en attendant son retour comme
chef du poste et de l'hivernage. Il lui donna
les instructions les plus détaillées sur la conduite
à tenir avec les indigènes et les navires étrangers et lui enjoignit surtout, si lui-même n'était
pas de retour pour le printemps, de procéder
aux constructions et à l'aménagement de Nicolaïevsk dès que la saison le permettrait, de ne
perdre aucune occasion d'explorer le littoral, de

bien de ce noble prélat, superbe et majestueux vieillard,
à la parole toujours marquée au coin de l'esprit et du
cœur.

prendre des informations sur le pays environnant et sur les peuplades qui l'habitaient, de relever la topographie des lieux avec le soin le plus attentif.

Le capitaine Nevelskoy ne trouva pas le gouverneur général à Irkoutsk. Il venait de partir pour Pétersbourg, en lui laissant une lettre avec l'ordre de le joindre sans tarder. Guennadi Ivanovitch atteignit Pétersbourg le jour même où son dernier rapport au gouverneur général de la Sibérie orientale était présenté à la délibération d'un comité convoqué par l'empereur. Comme celui de l'année précédente, il était présidé par le comte Nesselrode. Le général Mouravieff, le sérénissime prince Menschikoff et le ministre de l'intérieur Perovsky en faisaient partie. Le gouverneur général de la Sibérie orientale, dans un magnifique élan de patriotisme, de justice et d'enthousiasme, déclara que tous les actes du capitaine Nevelskoy avaient son approbation entière. Le prince Menschikoff et M. Perovsky le soutinrent, disant que ces actes peut-être téméraires avaient été nécessités par des circonstances urgentes, et qu'à la suite des importantes découvertes de cet intrépide officier il fallait se hâter de fortifier le poste Nicolaïevsk, en fonder d'autres encore sur la côte de la mer d'Okhotsk et, en outre, envoyer un grand vaisseau de guerre croiser constamment dans ces eaux, désormais exclusivement russes.

Mais la grande majorité du comité, le comte Nesselrode en tête, se montra absolument hostile à tout ce que représentait et affirmait le gouverneur général de la Sibérie orientale et résolut presque unanimement de demander à Sa Majesté la dégradation du capitaine Nevelskoy, afin de le châtier de son inqualifiable audace. Ainsi, par une aberration, de nos jours, grâce à Dieu impossible, des actes de civisme et de sens politique remarquable, au lieu d'exciter le respect et l'admiration, furent déclarés criminels. D'un côté, l'absence du véritable sentiment national chez les diplomates d'alors, Allemands pour la plupart ou puérilement cosmopolites; de l'autre, l'étroitesse de vue, le culte de l'obéissance passive, la haine de l'initiative et de la pensée indépendante, peuvent seuls expliquer les antipatriotiques décisions que ce cénacle osa présenter à la sanction de l'empereur Nicolas Ier, ce Russe par excellence, tout vibrant d'orgueil et de dignité nationaux. Cette décision, la voici :

Se basant sur les rapports de la légation russe à Pékin et trouvant que les actes du capitaine Nevelskoy pouvaient entraver les bonnes relations existant entre la Russie et la Chine et par là compromettre gravement le commerce de Kiachta, la légation impériale affirmant en outre que le gouvernement chinois était, dans les parages en question, parfaitement en état de repousser toute invasion étrangère du côté de l'Océan, le comité se décide à soumettre à l'approbation de Sa Majesté la résolution suivante : *anéantir le poste de Nicolaïevsk* (c'est-à-dire arracher de nos propres mains le pavillon de la patrie); l'hivernage de Petrovsk servira de station commerciale à la Compagnie russo-américaine (1) dans ses transactions avec les sauvages, mais sans jamais oser toucher à la question amourienne, ni chercher à propager des transactions sur le littoral du golfe Tartare, ni dans l'île de Sahaline; et enfin solliciter de Sa Majesté l'Empereur

---

(1) Société commerciale, agissant aussi bien en Sibérie que dans les possessions russes (à présent vendues) à l'Amérique. Cette Compagnie avait un caractère semi-officiel, protégée qu'elle était par l'État. Ses employés recevaient des grades et des décorations, à l'instar des fonctionnaires de l'État. Cette Société n'existe plus depuis longtemps.

la dégradation du capitaine de vaisseau Nevelskoy, jusqu'au rang de simple matelot.

Cette terrible décision fut signifiée au capitaine, lorsque, appelé au comité des ministres, il dut, pour la seconde fois, comparaître devant ses juges. Ni ses explications, ni son cri de patriote blessé au cœur, ne furent écoutés. On lui déclara nettement que si tous les colonels et tous les capitaines de vaisseau de l'empire allaient s'arroger le droit de dépasser leurs instructions, soi-disant dans l'intérêt de la patrie, la discipline serait perdue, l'ordre anéanti, l'État et sa sécurité ébranlés. Des faits de ce genre ne pouvaient, ne devaient se produire. Il fallait un exemple éclatant. Tant pis pour le capitaine Nevelskoy.

On se figure aisément l'indignation et l'atroce douleur que ressentit alors cet homme intrépide. Pour sa grande âme, son malheur personnel s'effaçait presque devant le désespoir du patriote. Atterrés, eux aussi, ses amis et protecteurs, le général Mouravieff, le prince Menschikoff, le comte Perovsky, Russes jusqu'à la moelle, le soutenaient toujours envers et contre tous, tâchant de sauver, si l'œuvre était perdue, du moins la personne de son instigateur. Le grand-amiral de Russie, Mgr le grand-duc Constantin Nicolaïévitch, de son côté, daigna octroyer une audience à son ancien camarade de service et lui promit d'intercéder en sa faveur auprès de son auguste père.

Pourtant, tout semblait perdu. Seules, désormais, la haute intelligence et la fierté nationale de l'empereur pouvaient arrêter la main sacrilège, prête à se lever sur le pavillon de la patrie ; seules, sa clémence et sa justice absoudre le coupable.

« Nicolas Ier était magnanime, Nicolas Ier était patriote. Or tout n'était pas perdu », se disait l'héroïque marin au milieu des affres de son angoisse. Quelques jours à peine après que l'arrêt foudroyant eut été rendu par le comité des ministres, le capitaine Nevelskoy fut sommé de comparaître devant l'empereur lui-même. Le moment solennel et décisif de sa vie avait sonné.

Nicolas Ier le reçut dans son cabinet de travail, la carte de la Sibérie étalée sur la table, devant laquelle il était assis. Son regard d'aigle couvrit toute la fluette personne du marin, qu'il connaissait du reste depuis longtemps. Sérieux et grave, son admirable visage n'exprimait pas de colère.

— Ainsi, Nevelskoy (1), te voilà organisant tes propres expéditions ! Ah ! vraiment ? commença l'empereur après un moment de lourd silence, tu changes à ta fantaisie les instructions sanctionnées par ton souverain ? Vraiment ?

Sa Majesté s'interrompit pour prendre un papier sur la table.

— Que me diras-tu, à cela, voyons ?

L'empereur frappa la feuille de son doigt :

— Car cela te fait matelot, ça, reprit-il.

Puis, lentement son doigt commença à suivre sur la carte le chemin parcouru par le *Baïkal*.

— Matelot ! s'écria-t-il, oui, matelot, mais ici, enseigne de vaisseau... là, lieutenant... plus loin, lieutenant-capitaine !... Capitaine de frégate, capitaine de vaisseau !... Contre-am..... Non ! ajouta l'empereur, qui s'arrêta au moment où son doigt se posait sur Nicolaïevsk, pas encore... C'est assez en attendant... il faut que désobéissance soit châtiée...

Se levant alors, Nicolas Ier déchira la feuille fatale. Son beau visage s'illumina d'un fier

(1) Les empereurs Nicolas Ier et Alexandre II tutoyaient tous les hommes.

rayonnement; ses yeux s'adoucirent. Il prit sur un guéridon une croix, préparée d'avance, et s'approchant de celui auquel chacune de ses paroles, chacun de ses gestes rendaient la vie, il l'embrassa en passant lui-même l'ordre de Saint-Vladimir 4e classe à sa boutonnière.

— Merci, Nevelskoy, dit le monarque, merci de ton patriotique labeur.

Et il ajouta :

— Seulement, une autre fois, sois plus circonspect... tâche de ne pas outrepasser d'autant les instructions que tu reçois...

L'instigateur était sauvé; l'œuvre allait triompher à son tour.

Le lendemain de ce jour mémorable, le général Mouravieff fit prier le capitaine Nevelskoy de passer chez lui, et, tout radieux, lui annonça que dans une audience que Sa Majesté lui avait octroyée, l'empereur avait attentivement étudié le projet qu'il soumettait à sa haute compétence et, après en avoir écouté le récit détaillé, daigna déclarer les actes du capitaine Nevelskoy *héroïques, nobles* et *patriotiques* (1). Quant à la

(1) Propres paroles de Nicolas Ier.

résolution du comité, l'empereur écrivit en marge :

Le comité s'assemblera de nouveau sous la présidence de Son Altesse Impériale le grand-duc tsarevitch (1). Et plus bas ces nobles paroles dignes d'un César : *Partout où le drapeau russe a été une fois hissé, il ne peut jamais plus être descendu* (2).

Ainsi, le souverain le plus autoritaire de son temps et chez lequel le principe monarchique, absolu était une conviction inébranlable, vivante incarnation de la majesté du trône, avait compris et apprécié la désobéissance à ses ordres et, dans son patriotisme éclairé, grandement et royalement pardonné un crime envers lui-même, au nom des mobiles qui avaient poussé le noble téméraire à le commettre. Dans ce cas exceptionnel, le délit mettait une auréole au front du coupable, et l'âme généreuse de Nicolas Ier, toute vibrante de fierté nationale, l'avait profondément senti et magnanimement absous.

(1) Plus tard l'empereur Alexandre II.
(2) Archives du ministère de l'intérieur. Ces inoubliables paroles sont gravées sur le monument de l'amiral Nevelskoy, à Vladivostok.

Le comité, présidé cette fois par S. A. I. Mgr le grand-duc tsarevitch, après de longues délibérations et des débats passionnés, tomba d'accord sur la résolution suivante, plus tard confirmée par l'empereur :

1° Le poste Nicolaïevsk subsistera sous la forme d'un dépôt de la Compagnie russo-américaine.

2° Il est défendu d'occuper d'autres points du littoral et du pays environnant.

3° On déclarera à tous les navires étrangers, apparaissant dans ces parages, qu'il est interdit d'opérer une descente sur n'importe quel point de ces côtes, à qui que ce soit, sans une autorisation spéciale des gouvernements chinois et russe; on ajoutera que les commandants de ces navires seront responsables de toute avanie faite aux indigènes par les équipages qu'ils commandent.

4° L'expédition sera ravitaillée par la Compagnie russo-américaine, qui lui fournira aussi les matériaux de construction, les chaloupes et les marchandises nécessaires. Afin de procéder promptement à l'aménagement des postes Nicolaïevsk et Petrovsk, une compagnie de soixante hommes, assistée de deux officiers et d'un médecin, sera mise à la disposition du chef de l'expédition.

5° L'État s'engage à indemniser la Compagnie russo-américaine de ses dépenses pour la subvention des deux postes et l'augmentation qui sera faite sur les appointements ordinaires des officiers, augmentation préalablement discutée avec le gouverneur général de la Sibérie orientale et définitivement fixée par Son Excellence. Cette indemnité ne dépassera pas 50,000 roubles.

6° Le transport des marchandises, vivres, munitions et autres sera opéré par des navires appartenant à l'État.

7° Cette expédition s'appellera l'expédition amourienne et aura pour chef civil et militaire le capitaine de vaisseau Nevelskoy.

8° Les travaux de l'expédition amourienne devront être exécutés dans les strictes limites de l'ordre impérial, son chef dépendant du gouverneur général de la Sibérie orientale, auquel il présentera ses rapports en temps et lieu.

9° Le chef de l'expédition et les officiers qui serviront sous ses ordres jouiront des droits et privilèges accordés au chef du port d'Okhotsk et de ses officiers subalternes.

Ces instructions furent signées par l'empereur le 12 février 1851. Le capitaine Nevelskoy les reçut à Irkoutsk, qu'il avait rejoint après sa mémorable entrevue avec l'empereur.

L'État, comme le lecteur peut s'en apercevoir, a fixé à 17,000 roubles à peu près la dépense annuelle de l'expédition, tandis que le double de cette somme était abandonné au gouverneur du Kamtchatka. Il était évident qu'on s'efforçait de lier les mains au chef trop turbulent pour le goût du comte Nesselrode et de ses amis. Il semble qu'on s'était donné mission d'enrayer la propagande russe ; mais rien ne pouvait affaiblir l'inébranlable énergie de Nevelskoy, ni l'insuffisance des moyens ni les responsabilités terribles, ni les privations les plus dures.

C'est à Irkoutsk que le capitaine Nevelskoy rencontra la compagne de sa vie, la femme à la fois tendre et héroïque qui l'aida à supporter l'atroce exil auquel volontairement il se vouait.

Nièce du gouverneur civil de la province d'Irkoutsk, M. Z..., Mlle Catherine Eltchaninoff venait de perdre ses parents, après avoir, deux ans plus tôt, fini ses études à la communauté des demoiselles nobles, connue généralement sous le nom de couvent de Smolna, établissement d'éducation fondé par l'impératrice Catherine II, sur l'emplacement où jadis s'était élevé un couvent de femmes (1). Recueillies par leur oncle maternel, Mlle Eltchaninoff et sa jeune sœur le suivirent à Irkoutsk lorsqu'il fut nommé gouverneur de cette province.

La société d'Irkoutsk, à cette époque, était admirablement composée. Elle comptait la famille du gouverneur général, celle du gouverneur civil, marié à une personne charmante; le personnel administratif, formé non seulement de gens d'esprit, mais de gens du meilleur monde; enfin plusieurs familles de décembristes, ayant achevé leur temps de peine et richement établies à Irkoutsk, apportaient à cette société choisie une élégance et une distinction parfaites.

Les jeunes demoiselles Eltchaninoff vivaient insouciantes et heureuses dans la maison de leur bon oncle. Le narrateur ne peut passer sous silence les soins et l'affection dont cet homme de cœur, intelligent et loyal, estimé de tous ceux qui le connaissaient, entoura la jeunesse de

(1) En Russie, toutes les maisons d'éducation sont laïques. Au couvent de Smolna sont reçues seulement les jeunes filles de vieille noblesse, dont les noms sont inscrits au Livre de Velours et au Livre VIe, comprenant les familles déjà nobles avant l'avènement de Pierre Ier. Le Livre de Velours est réservé aux descendants de Rurik.

Catherine Nevelskoy, comme il ne saurait taire la tendresse et l'amitié touchante que Mme Z... lui témoignait.

L'aînée des demoiselles Eltchaninoff leur fut une amie intelligente et douce. Le devoir était sa devise; ce fut aussi celle de sa nièce. La jeune fille le voyait, ce principe sacré, sauve-garde des familles, éclater devant elle, dans toute son auguste simplicité et son touchant héroïsme, car les femmes des décembristes qui l'entou-raient en étaient toutes l'incarnation vivante. Abandonnant parents et amis, elles avaient suivi leurs maris dans leur dur exil, elles avaient adouci leurs souffrances et leurs peines par leur ado-rable présence, leur sainte abnégation.

Leurs sacrifices, au nom de l'amour conjugal, magnifique exemple d'une vertu si haute et si douce, frappaient d'admiration et de respect la jeune fille, intelligente et tendre, et jetaient dans son cœur les germes qui devaient se développer plus tard. Le caractère russe est porté au dévoue-ment et à l'oubli de soi-même; mais c'est sur-tout parmi nos femmes qu'on rencontre, et bien plus souvent qu'on ne le pense, une abnégation entière et héroïque et si modeste qu'on passe près d'elle sans presque la remarquer, tant elle s'efface, tant on s'y habitue (1).

En 1851, la Sibérie tout entière répétait avec étonnement et admiration le nom du capitaine Nevelskoy. Contrairement au parti pris des fonctionnaires de Pétersbourg, on y comprenait fort bien les immenses avantages de l'annexion à laquelle il travaillait avec le général Mouravieff. Il était donc très naturel que l'imagination d'une jeune fille intelligente et enthousiaste fût frappée par l'auréole de gloire qui entourait ce nom déjà célèbre. Être distinguée et fortement aimée par un homme de cette valeur ne pouvait manquer de la flatter et la toucher beaucoup. Son intelligence, très ouverte pour ses dix-neuf ans (comme on s'en apercevra dans ses lettres), son cœur brûlant de la fièvre d'abnégation et du sacrifice, le respect profond qu'elle ressentait

(1) « Il n'y a pas de nation plus calomniée ! » s'écria, il y a à peu près deux ans, un Américain distingué (le Rév. Dr Talmadge) en revenant de son voyage en Russie. Il n'y a pas au monde de femme plus calomniée que la femme russe, ajouterons-nous. On oublie trop souvent le mot de Napoléon Ier, mot que M. de La Palisse, de si sensée mémoire, eût pu signer : « Cinq personnes qui crient font plus de tapage que cent personnes qui se taisent. »

pour un caractère héroïque, lui firent accepter l'hommage du capitaine Nevelskoy avec une fierté reconnaissante et la résolution de lui être une compagne aussi vaillante que dévouée.

Cette jeune fille ne s'engageait pas à la légère; il y avait en elle un grand fond de sérieux sous son apparence d'enfant rieuse et vive. Son grave fiancé ne lui avait pas caché les pénibles épreuves qu'elle aurait à subir, si, comme elle le lui avait déclaré, elle voulait quand même le suivre à Petrovsk, dans des parages où jamais un être civilisé n'avait vécu et où régnait un hiver de dix mois, avec toutes les épouvantes du désert. Mlle Eltchaninoff accepta tout et résolument seconda sa bonne tante dans les préparatifs de son étrange trousseau. Étrange, en effet : à part du linge solide et fort simple et quelques robes très chaudes, il se composait de plusieurs amazones, dont deux doublées de fourrure, de vêtements d'homme, car on devait *faire mille verstes à cheval,* par des chemins impraticables où les habits de femme pouvaient devenir un empêchement, traverser à la nage ou au gué des rivières et des torrents, gravir des montagnes escarpées, longer des

précipices. On ajouta des pelisses, des bottes
fourrées, de longues chemises en peau de
renne qu'on met par-dessus ses vêtements
pour les courses, en petits traîneaux attelés
de chiens, à travers les plaines immenses, toutes
blanches sous la neige ; et, enfin, pour se pré-
munir contre les moustiques, vrai fléau du printemps sibérien, des masques ressemblant à
ceux qu'on emploie dans les salles d'armes, ou
aux cache-tête dont se garantissent les éleveurs
d'abeilles. Ces préparatifs, qui eussent épou-
vanté une autre jeune fille, n'effrayèrent pas
Catherine Eltchaninoff. Pourtant elle pleura
parfois pendant les semaines de ses fiançailles ;
c'est que, tendrement attachée à sa sœur, à son
excellent oncle et à sa jeune tante, elle sentait
son cœur se fendre à l'idée de se séparer d'eux
pour un temps indéfini, car il était impossible
de préciser au juste la durée des travaux entrepris par l'expédition amourienne. Qu'on ajoute
la perspective d'un immense et dangereux
voyage, la dure existence qui l'attendait au
bout de cette route hérissée de périls, et il sera
facile de se figurer l'angoisse de l'oncle, les
sanglots de la sœur et de la tante, l'inquiétude

CATHERINE NEVELSKOY

A 27 ANS

des amis et de tous ceux qui connaissaient et
ne pouvaient s'empêcher d'aimer la jolie et
vaillante enfant. M. Z... suppliait sa nièce,
les larmes aux yeux, de rester à Irkoutsk et
d'y attendre son mari, sans follement affronter
des périls où elle pourrait trouver non seulement la ruine totale de sa belle santé, mais la
démence et la mort même. Le capitaine Nevelskoy le secondait en joignant ses prières aux
siennes, malgré le déchirement qu'une séparation causerait à son cœur. Mais ils se heurtèrent
tous les deux à une résolution, à un courage, à
un enthousiasme, dont ni eux ni personne ne
croyaient capable la folâtre petite Catinka, qui,
du matin au soir, remplissait la maison de la
gaieté de sa radieuse jeunesse. La femme se dessinait, ferme et inébranlable dans ses décisions,
loyale, convaincue de l'utilité de son noble
sacrifice. Le mariage eut lieu le 16 avril 1851,
et, après trois semaines de séjour à Irkoutsk,
le couple héroïque partit pour les confins de la
Sibérie orientale.

III

Plein d'émotion, le narrateur laisse échapper la plume, sauf à la reprendre plus tard. Une autre main, aujourd'hui glacée et morte, va continuer ce véridique récit. La noble femme nous racontera elle-même son terrible voyage et les périls qu'elle y a affrontés. Écrites en français dans l'original, ces lettres feront connaître au lecteur une idéale héroïne, en lui donnant aussi quelques détails intéressants sur des parages totalement ignorés en Europe.

Obligé d'en éliminer quelques pages d'un ordre purement intime, l'auteur est sûr que les fragments qu'il a pu mettre sous les yeux du lecteur lui feront aimer et vénérer la sainte femme qui les a tracées, sans jamais se douter que d'autres que ses parents aimés les liraient un jour.

Station Vereholenskaïa (au bord de la Léna).
16 mai 1851.

Bonjour, mes bons, mes chers amis! Voilà plus de vingt-quatre heures que je vis loin de vous! Je suis si triste, je ne puis penser à vous sans pleurer! Mais que cela ne vous fasse pas trop de peine, mes bien-aimés. Il n'en peut être autrement; si peu de temps s'est écoulé depuis nos adieux. Je tâcherai de m'habituer à notre séparation; mon caractère enjoué m'y aidera, et peut-être la supporterai-je sans trop d'amertume. Que je vous suis reconnaissante des deux belles années que j'ai passées auprès de vous, mon oncle chéri, ma bonne tante! Ce sera un doux souvenir pour toute ma vie. Il me tarde tellement d'avoir de vos nouvelles, de savoir comment vous êtes rentrés et d'apprendre que vous avez repris un peu de calme après notre douloureuse, ah! si douloureuse séparation. J'ai eu de l'inquiétude pour vous, mon bien-aimé oncle; le vent soufflait avec une violence extrême, et j'avais mortellement peur que vous ne prissiez froid. Je m'en voulais beaucoup de vous avoir laissé nous reconduire aussi loin...

Nous sommes arrivés à Katchouga, un grand village situé au bord du fleuve Léna. C'est là qu'on s'embarque ordinairement pour le descendre. Nous y fîmes l'inspection du bateau, un petit vaisseau presque, qui doit nous recevoir à son bord. Il se distingue entre tous par sa jolie forme et vous a un petit air élégant et propret fort engageant, en vérité. Cependant, nous avons résolu de faire encore trente-six verstes en équipage et de nous embarquer plus bas. La Léna n'est pas du tout aussi belle que je me la figurais d'après les descriptions qu'on m'en avait faites. Pourtant, mon mari assure que plus loin elle fera mes délices...

Nous n'avançons pas trop vite. Contrairement à ses habitudes de garçon, mon mari retient le zèle des *yamstchiks* (1), au lieu de le stimuler comme jadis ; le *tiché!* a remplacé l'impatient *skoréié* (2)! d'autrefois, et je demande à ce monsieur, devenu si circonspect : « Qui m'a changé mon Nevelskoy? »

Nous nous embarquons ce soir. Je vais profiter des quelques heures que nous passons

(1) Cochers des chaussées, postillons de l'État.
(2) *Tiché!* doucement ; *skoréié!* plus vite.

encore à terre pour me reposer, car je tombe de fatigue et de sommeil. Que vous dirai-je encore, mes amis ? Ah ! toujours la même chose : je vous aime de toute mon âme, je pense à vous à toute heure. Mon imagination me transporte dans le petit salon particulier de ma tante, où nous nous tenions ordinairement et où, depuis hier, ma place est vide. Ces souvenirs si doux et si amers en même temps me font verser de nouvelles larmes, et il vaut mieux ne pas continuer ma lettre avec le voile humide qui obstrue mes yeux. Adieu, mes amis, mes chers amis ! Mon Dieu ! que de temps se passera avant que je puisse vous dire bonjour et adieu de vive voix !

Votre dévouée,
Catia.

Vilim (1) (écrite à bord), 23 mai 1851.

Je profite de l'occasion pour vous donner encore de mes nouvelles. Nous avons abordé à Kiriétiène à midi. Un *droschky* (2) nous attendait

(1) Bourg au bord de la Léna.
(2) Fiacre à deux places, étroit et incommode, souvent sans ressorts.

9.

sur la rive. Le temps était abominable, il pleuvait à verse, mais j'ai bravement mis pied à terre et, abritée de mon parapluie, me suis dirigée vers l'équipage (si on peut nommer cela équipage!) attelé de deux chevaux, les meilleurs, dit-on, qu'on ait trouvés à Kiriétiène. Ce véhicule était si incommode et les chevaux, perclus, j'en suis sûre, avançaient si lentement, que le trajet entre la rive et la jolie maison préparée pour nous recevoir et y prendre une collation me parut interminable.

Il fait très froid (1). Je ne quitte presque pas la

(1) Le lecteur ne doit pas oublier que nos voyageurs avancent de plus en plus vers des régions presque polaires, où le printemps ne peut commencer qu'en juin. Mettant de côté ces mornes parages, on a sur la Sibérie en général des notions très fausses en Europe. Si le climat y est fort rigoureux, il est d'une rare égalité et par là extraordinairement sain. Rien au monde n'est plus beau qu'un printemps sibérien, rien de plus éclatant que ses étés. Le printemps et l'été, dans leur ensemble, ne durent pas plus de trois mois et demi, quatre tout au plus. Mais l'exubérance et la richesse de la végétation sont telles, qu'on ne peut les voir que dans des pays beaucoup plus méridionaux. Tout y devient vert et s'épanouit en moins de temps qu'ailleurs, et le passage de l'hiver à l'été est comme un changement de décors. Toutes les céréales y mûrissent admirablement et beaucoup plus vite même que dans la Russie occidentale et méridionale.

cabine, que nous réchauffons en y brûlant de l'esprit-de-vin. C'est très réconfortant pour de pauvres voyageurs souffrant continuellement de l'humidité.

La Léna est véritablement superbe ; la nature qui nous entoure est sauvage et grandiose au delà de toute expression. Je crois que son originalité fait son charme principal. Partout de hautes montagnes boisées, des rochers escarpés. De temps en temps nous passons devant des îles charmantes, de vrais bosquets au milieu du fleuve. Pourtant l'ensemble est triste, presque morne, quoique toujours grandiose et admirable. Hier, surtout, j'ai été frappée de la beauté exceptionnelle du site. Il me semblait que notre bateau, glissant rapidement sur les flots limpides, allait se briser contre des rochers effrayants, blocs énormes sortant de l'eau ou jonchant la grève, lorsqu'un roc gigantesque, un mur plutôt, s'éleva à notre gauche. Il était rouge, figurez-vous, rouge de brique, et, tout au sommet, un bouquet d'arbres touffus le couronnait de verdure ; ces arbres, qu'on aurait dit plantés là par une main humaine, ajoutaient une beauté fraîche et vivante à son aspect aussi saisissant que pittoresque. Ce paysage plein de grandeur, mais d'une de ces magnificences sauvages et sombres qui attristent, m'a fait songer à Dieu, à l'Infini, à l'auguste sagesse du Créateur, et longtemps je suis restée immobile à contempler ce tableau si étrange et si splendide; — je n'ai jamais rien vu de pareil!

Soyez tranquilles sur mon compte, mes chers amis! La diversité des impressions m'arrache à ma tristesse. Je suis gaie et je me porte bien. J'espère que vous, ma bonne tante, et toi, ma sœur chérie, vous allez m'écrire avec chaque courrier. Rappelez-vous que je resterai deux longs mois sans nouvelles, et figurez-vous l'immense joie, qu'arrivée à Aïaun, j'aurai à vous lire! Vos chères lettres seront la récompense qui m'y attendra après les épreuves de l'affreuse route d'Ochotsk, que les Toungousses euxmêmes dépeignent comme un enfer. De grâce écrivez-moi bien en détail. Tout ce qui vient de vous et passe par vos mains m'est cher et m'intéresse. Mon bon oncle que j'aime tant, comment va-t-il? Ah! comme je voudrais l'embrasser (1)! Si vous saviez, oncle adoré, comme je vous aime!

(1) Mme Nevelskoy ne revit plus M. Z***; il est mort en 1854.

Si vous saviez combien je pense à vous trois,
mes amis! Non! je ne continuerai plus mon
griffonnage, car si je m'occupe de vous plus
longtemps, je finirai par sangloter tout haut. Et
que dira mon pauvre mari en me voyant pleurer
encore! Mes larmes lui font tant de peine. Ainsi,
adieu, amis aimés! Je tâcherai de moins penser
à vous.

CATIA.

A bord, ce 25 mai.

Je vous préviens que je n'ai rien d'intéressant
à vous dire, et si je vous écris aujourd'hui, c'est
uniquement pour avoir la joie de causer avec
vous et ne pas laisser échapper l'occasion de
vous expédier une lettre. Nous voguons rapidement vers le Nord, laissant des centaines de
verstes derrière nous. Le froid se fait sentir de
plus en plus vif, et je commence à avoir recours
à ma pelisse. La différence de climat des bords
de la Léna et celui d'Irkoutsk est excessivement
sensible. Ici, pas un vestige de printemps, pas
une ombre de verdure. Les rivages sont couverts
de neige, le flot charrie d'énormes glaçons. Nous

en voyons même jusqu'au beau milieu du fleuve. La nature, toujours admirable et grandiose, devient de plus en plus sauvage. A mesure que nous descendons le courant, je fais connaissance avec les habitants de ces parages, les Toungousses et les Iakouts. Il y en a toujours quelques-uns parmi nos bateliers. Ce sont des créatures très originales, et leur type, quoique très laid, me plaît mieux que celui des Bouriats des environs d'Irkoutsk. Mon mari, pour m'amuser, les fait chanter et danser sur le pont de notre petit navire ou bien sur le rivage, quand nous nous arrêtons pour une heure ou deux. Ils s'y prêtent de fort bonne grâce, surtout après les paroles sacramentales : *Barinia dast grivenniki* (1).

Ce matin, sur une éclaircie, au milieu de l'épaisse forêt devant laquelle nous passions, j'ai aperçu des habitations au bord de l'eau ; on m'a dit que c'était là un village iakout. Comme je m'intéressais beaucoup à le voir, mon mari fit stopper le bateau. Nous débarquâmes, mon mari, ma femme de chambre et moi, chargés de pain blanc et de noisettes, afin de bien régaler

____

(1) Madame donnera des *grivenniks*. — Un grivennik est une pièce de monnaie de la valeur de dix copecks.

les femmes et les enfants, dont un attroupement s'était formé à notre apparition. A peine avons-nous fait quelques pas dans la direction du village, que deux petites filles de six à sept ans vinrent à notre rencontre. L'une était ravissante, extraordinairement jolie et gentille, en dépit de sa malpropreté; mais la seconde, pauvre malheureuse enfant, me donna un tel dégoût, une telle horreur d'avancer, que je rebroussai chemin immédiatement, avec la ferme résolution de ne plus jamais chercher à pénétrer dans les habitations de ces sauvages. Tout le visage du malheureux être était couvert de plaies hideuses, rendues plus atroces encore par la malpropreté la plus complète (1). Ma femme de chambre, qui a eu le courage de persévérer, est revenue tout émue, disant que dans le *yourt* (on nomme ainsi ces demeures) où elle était entrée, toute la famille était couverte de cette horrible scrofule et présentait un spectacle aussi hideux que pitoyable.

Il nous reste six cents verstes à peu près jusqu'à Iakoutsk, où nous serons probablement dans trois jours. La Léna est houleuse aujourd'hui et

_____

(1) La lèpre.

je ne me sens pas bien. Le vent nous est contraire et notre bateau est jeté de côté et d'autre. Adieu, mes excellents amis !

Catia.

A bord, ce 28 mai.

Nous avons passé une bien mauvaise nuit, mes bons amis. Une pluie torrentielle a duré jusqu'au jour. Le temps s'est éclairci à présent et mon mari se repose de sa fatigue. Quant à moi, malgré que j'aie voulu en faire autant, je n'ai pu fermer l'œil. Mes pensées et mon cœur volaient vers vous, et tout de suite l'envie de dormir se dissipa pour faire place à un irrésistible désir de causer avec vous, ne fût-ce que par écrit, hélas !

Je suis beaucoup moins triste maintenant, et ma gaieté commence à rappeler celle d'Irkoutsk. Si je vous parle de cela dans chacune de mes lettres, c'est que connaissant votre affection pour moi et l'inquiétude de mon oncle à ce sujet, je m'empresse de vous rassurer sur l'état de mon moral. Votre Catia est heureuse et s'attache de plus en plus au noble ami qui l'a choisie entre toutes. Je vous jure que les dangers d'un voyage aussi extraordinaire m'effrayent moins que jamais. Si notre séparation me fait encore bien souffrir, mon mari trouve toujours moyen de me consoler et de me distraire. Il a pour moi une sollicitude si tendre, une si profonde affection, lui si loyal, si parfait, si héroïque. Il réussit toujours à ramener le calme dans mon esprit et dans mon âme, et je redeviens folâtre et gaie, amusant et faisant rire aux éclats le grave M. Nevelskoy par toutes les cent mille folies qui me passent par la tête. Je remercie Dieu à genoux de m'avoir donné pour protecteur cet homme admirable, dont la tendresse fait mon orgueil et sera mon plus ferme soutien dans les épreuves que j'aurai peut-être à affronter . . . .

. . . . Nous avons abordé près de la misérable petite ville d'Alékna à midi. Le temps était fort beau, et la route jusqu'à la station prochaine étant facile, mon mari me proposa de la faire à cheval pour me reposer un peu de l'ennui du bateau. Pendant qu'on sellait nos montures, je suis entrée dans une maison afin d'y mettre mon amazone. Le vieux marchand auquel elle appartenait nous reçut avec joie et de très bonne grâce. La cour fut en un instant pleine de monde : on accourait de tous côtés pour assister à l'extraordinaire spectacle de voir une dame traverser à cheval les rues d'Alékna (1). Bouche bée, la foule me regarda monter en selle, et je lui donnai cette représentation avec un sérieux imperturbable. Après quoi, toujours majestueusement indifférente, je mis mon Bucéphale, au galop, et quelques instants après la « belle » cité d'Alékna resta bien loin derrière moi. Pourtant les pluies des derniers jours avaient tellement détrempé les chemins que nous ne pûmes faire plus de dix verstes et dûmes revenir à bord, à ma grande contrariété.

Voilà deux semaines que nous naviguons. Hier, le vent soufflait avec violence et je me sentais très mal à l'aise sur la Léna, agitée et menaçante. A bout de patience, j'ai prié mon mari de me faire descendre à terre pour marcher un peu. Il voulut m'accompagner, et nous fîmes ainsi à pied les cinq verstes qui nous restaient jusqu'à la station. Pendant le trajet, je distribuai du pain aux

(1) Jusqu'à présent, les paysans, les marchands et les petits bourgeois sont un tant soit peu scandalisés en voyant une amazone, ce spectacle ne répondant pas à l'idéal réservé et timide qui est pour eux celui de la femme parfaite.

enfants iakouts que nous rencontrions. Figurez-
vous que ces pauvres gens manquent de tout
cette année-ci et sont quelquefois réduits à se
nourrir d'écorces d'arbres! C'est horrible! Il y a
une pauvreté effrayante dans ces contrées, et
cela fait pitié la misère dans laquelle ces malheureux sauvages passent leur triste existence...

Le valet de chambre de mon mari nous fait
rire beaucoup. Il s'est investi lui-même des fonc-
tions d'aide du commandant et s'affuble de très
grands airs. Les ordres ridicules qu'il donne
quelquefois, et dont nous recueillons souvent
des échantillons, nous amusent excessivement.
Quant à Eudoxie, ma femme de chambre, nous
lui avons découvert un talent de cuisinière très
bienvenu, car nous étions un peu dans l'em-
barras, ayant négligé de nous faire accompagner
par un gâte-sauce quelconque...

Iakoutsk, 31 mai 1851.

Nous voilà à Iakoustk depuis trois jours. Jusqu'à présent je n'ai pu trouver un moment pour
reprendre ma lettre, commencée encore à bord.

On nous a préparé un beau et spacieux appartement dans la maison d'un riche marchand d'ici. J'ai fait dès mon arrivée sa connaissance, ainsi que celle de sa femme et de ses deux filles. La bonne marchande est une originale petite vieille. Lors de son premier passage par Iakoutsk, mon mari a aussi logé chez eux; elle l'a pris alors en très grande affection, ne l'appelant pas autrement que son cher *vnoutchek* (1). Elle a été enchantée d'apprendre son mariage, et la déférence que je lui montre à cause de son grand âge semble lui plaire et la flatter beaucoup. Après m'avoir attentivement examinée, elle a déclaré à mon mari que nous nous ressemblions comme frère et sœur et que c'est là une preuve évidente que nous sommes créés l'un pour l'autre (2).

(1) Petit-fils. Le véritable mot est *vnouk; vnoutchek* est l'appellation caressante. On sait que le russe est plein de mots d'amitié et de tendresse.

(2) C'était là, certes, une étrange lubie de vieille femme. Mme Nevelskoy ne pouvait aucunement ressembler à son mari; car non seulement l'amiral n'était pas beau; excepté ses yeux sombres, son regard et l'expression hautement intelligente de son visage, il avait un tout autre type de physionomie. Quant à Mme Nevelskoy, elle était, avec son visage de madone, une des plus jolies personnes de son temps.

Le bruit a couru à Iakoutsk que mon mari allait être nommé gouverneur de cette province. Il paraît qu'on y croit, car les dames marquantes de la ville s'empressent de faire ma connaissance et m'assurent en chœur qu'elles en seraient enchantées. Quant à moi, j'étais tellement saisie d'épouvante à l'idée d'une possibilité pareille, que je ne trouvai rien pour les remercier de tant d'amabilité, ayant toutes les peines du monde à retenir l'exclamation : « Dieu m'en préserve ! » qui me brûlait les lèvres.

Nous sommes maintenant fort affairés par les préparatifs de la longue et périlleuse étape que nous avons encore à faire jusqu'à Aïaun. Mille verstes à cheval par cette légendaire route d'Okhotsk, dont nous entendons de tous côtés des récits épouvantables. Il faut du temps et surtout de l'imagination pour trouver de quoi parer aux difficultés qui nous y attendent.

Ayant eu un instant de liberté aujourd'hui, nous en avons profité pour rendre sa visite à une des plus grandes dames d'Iakoutsk. Elle nous reçut avec beaucoup d'empressement, m'installa tout de suite à la place d'honneur, sur le canapé de son salon et disparut sans

mot dire, nous laissant mon mari et moi fort
étonnés de cette étrange manière de traiter son
monde. Après un temps assez long, elle revint
accompagnée d'un domestique portant un grand
plateau chargé de confitures, de bonbons, de
noisettes (!!) et d'autres choses de ce genre (1).
Après cela on apporta du café, puis on servit
toute espèce de vins. La maîtresse de maison ne
causait pas; elle nous faisait les honneurs de chez
elle en nous forçant à manger sans relâche. Aussi,
vous pouvez vous figurer combien c'était gai.

Je viens de voir la selle qui me servira pendant mon voyage. Elle ne ressemble pas aux
selles de dames ordinaires, ici parfaitement
inutiles. Au lieu d'étrier, elle a une planche sur
laquelle on appuie les deux pieds et un dossier
pour reposer le dos, faisant ainsi l'effet d'un fau-
teuil assez commode.

(1) Le lecteur se rappellera que Iakoutsk est, même à
l'heure qu'il est, le fond du fond de la province. Les fonctionnaires riches et élégants refusent presque toujours
d'aller s'enterrer là-bas. En 1851, Iakoutsk était ce qu'on
nomme vulgairement « un trou » et la société qui s'y trouvait possédait, certes, un genre tout à fait à part, devant
frapper vivement une jeune femme, habituée au commerce
élégant et raffiné de gens du meilleur monde.

M. Korsakoff (1), ayant appris le mariage de mon mari et l'intention que j'avais de le suivre à Petrovsk, m'a commandé, lors de son passage par Iakoutsk, une espèce de hamac très pratique. Ces hamacs, que les femmes d'ici emploient pour ces effroyables voyages, diffèrent beaucoup de ceux qu'on connaît en Europe. On les fait en grosse toile, attachés des deux côtés à des supports en bois, qu'on pose sur le dos de deux chevaux; ce genre de berceau, restant ainsi suspendu entre eux, présente, avec le matelas qu'on y met, une couche très confortable. Mon mari m'a acheté une belle couverture de fourrure pour garantir les pieds. De cette manière, étendue dans mon hamac, je n'aurai pas froid et pourrai non seulement y dormir, mais même y lire pendant mon interminable voyage. Comme vous voyez, on fait tout ce qui est humainement possible pour m'adoucir les épreuves de cette route inouïe, et mon mari ne sait plus qu'inventer afin de me la rendre supportable.

(1) Plus tard, gouverneur général de la Sibérie orientale, alors à la disposition du général Mouravieff et faisant partie de son état-major.

1er juin.

Nous revenons d'un dîner chez le chef militaire de la province, une corvée qu'il était impossible d'éviter. Si vous saviez, ma bonne tante, combien Mme *** est ennuyeuse et comme le temps m'a paru long ! Ce dîner a duré trois heures. A chaque nouveau plat, la maîtresse de maison réitérait ses instances : « Prenez-en de nouveau, je vous prie ! Comme vous mangez peu ! Encore un petit morceau ! » etc., jusqu'à me faire penser à la célèbre fable de Kriloff et réveiller mes sympathies pour le pauvre homme, qu'on assommait aussi de victuailles.

Mme *** a une fille de dix-sept ans. Je lui ai parlé avec tout le sérieux d'une dame mariée, causant avec une toute jeune fille, à l'instar des personnes d'un âge respectable qui en usaient de même avec moi, il y a si peu de temps encore. Si vous saviez, mes bons amis, combien les honneurs et les attentions dont on me comble me font rire intérieurement ! C'est qu'on me prend terriblement au sérieux, et je regrette beaucoup que vous ne puissiez me voir trôner à la droite de la maîtresse de maison, tous les invités et elle-même m'adressant la parole avec déférence. Je vous jure qu'il y a très loin de l'espiègle d'Iakoutsk en ces moments-là, que je garde toute ma dignité et que je me sens parfaitement à mon aise, parlant ménage avec des dames de cinquante ans. Ah! si vous pouviez me voir!

Tout est prêt et nous partons demain, de bonne heure. En plus de la selle spéciale qu'on m'a préparée, mon mari m'a encore acheté une selle d'homme. Je suis outrée de cela; je ne l'emploierai jamais, quoi qu'on dise. Vous le savez, je suis habituée à monter à cheval et très ferme en selle; aussi j'espère m'arranger sans avoir recours à cette désagréable extrémité.

J'ai essayé mon costume de garçon, qui me va fort bien, je vous prie de le croire. En revanche, mon Eudoxie fait une triste figure dans ses habits d'homme. Hier, quand je l'ai vue affublée de la sorte, je fus prise d'un accès de fou rire. Du reste, la connaissant, vous pouvez facilement vous représenter en cavalier cette grosse dondon, avec sa petite taille et son visage tout rond.

Voilà une bien longue lettre, mais j'ai tant de plaisir à causer avec vous, que j'aurais pu remplir des pages sans nombre de tout ce que je voudrais vous dire. C'est la dernière lettre que vous recevrez de moi avant votre départ pour l'Europe. Que Dieu bénisse votre voyage! Amusez-vous! Jouissez de la vie et pensez beaucoup à votre

CATIA.

Station Alatir (180 verstes d'Iakoutsk).
6 juin 1851.

Nous venons de rencontrer un cosaque en route pour Iakoutsk, et je ne veux pas laisser échapper l'occasion de vous donner des nouvelles de notre voyage. Rassurez-vous! votre Catherine a parcouru ces premières étapes sans trop de fatigue.

Notre caravane fait très bon effet; une cinquantaine de chevaux portant, les uns, les bagages, et les autres, des cavaliers pittoresquement vêtus; une escorte de cosaques, dont deux parlant tous les idiomes indigènes, nous servent d'interprètes; douze Iakouts faisant le service, deux domestiques et ma femme de chambre. Nous emportons, outre les bagages ordinaires, des lits, des ustensiles de cuisine, des provisions, des tentes, ces dernières devant nous servir d'abri pendant trois semaines, car non seulement il nous serait désagréable de passer la nuit dans les *yourts* nauséabonds des Iakouts, mais même ceux-là ne se rencontrent que fort rarement sur cette route déserte. Je reste souvent étendue dans mon hamac, et c'est plutôt par goût que par nécessité que je fais une quinzaine de verstes à cheval le matin et le soir. Pendant ce temps, mon mari s'établit dans mon « berceau » et s'y endort régulièrement. S'il y avait moyen de faire toutes les mille verstes ainsi, ce voyage m'eût semblé presque agréable. Malheureusement, plus on avance, plus, dit-on, les chemins deviennent impraticables, et, malgré toutes nos précautions, nous aurons beaucoup de difficultés à surmonter. Nous souffrirons aussi des moustiques, fléau de ces régions, empoisonnant les premières semaines de l'été transbaïkalien. Nos masques sont préparés et, à la première attaque, nous devrons nous en couvrir; on y entre comme dans un sac; des bandes de toile garantissent le cou et la nuque.

Il fait beau la plupart du temps et mon man-
teau imperméable me suffit quand il pleut. Je
griffonne horriblement, mais si vous voyiez sur
quoi j'écris! C'est au beau milieu d'un *yourt*
sale, presque sombre, sur une table cassée et
branlante. Je ne vois autour de moi que des
Iakouts; je n'entends que leur langage, qui
sonne horriblement barbare à mon oreille européenne. Les femmes me regardent avec curiosité; quant à moi, je les trouve excessivement
typiques avec leur costume *en peau de chien*
et leurs visages étranges, si différents de ceux
auxquels je suis habituée. Il y a parmi elles des
physionomies fort expressives et même assez
jolies. Mais leur malpropreté est dégoûtante.

Tout le monde est en selle et on m'attend,
mes bons amis! Adieu! mon mari s'impatiente,
il faut partir. Mille tendresses! Priez pour moi.

CATHERINE.

Station Alach-Youn.

Nous avons fait la moitié de notre chemin.
Tout va bien, grâce au ciel, malgré les horreurs
de cette route épouvantable entre toutes. Vous

savez si j'étais préparée à rencontrer des obstacles et des difficultés. Eh bien, la réalité a dépassé tout ce que mon imagination a pu concevoir. Jamais je n'aurais cru que des routes pareilles existassent. Ce sont tantôt des marais où l'on enfonce, des forêts vierges où on avance à peine, tantôt des rochers escarpés qu'il faut gravir malgré le vertige, ou bien des rivières d'une rapidité effrayante qu'on passe à gué ou qu'on traverse *à la nage*. La nature est sauvage et superbe. On voit que la main de l'homme n'y a pas touché, ni jamais cherché à rendre les voies de communication au moins supportables. Pourtant, nous avons traversé des ponts grossiers et primitifs, jetés là par quelques Toungousses probablement ; mais il y a un immense danger à passer dessus. Ils ont tous des fentes énormes et, suspendus au-dessus d'un précipice ou d'un torrent, présentent un très grand danger. Le cheval doit sauter par-dessus ces ouvertures béantes qui font frémir et donnent le vertige au cavalier. Aucune description ne peut vous donner une idée des horreurs de cet atroce voyage. Il faut avoir vu ces routes et passé par toutes leurs surprises pour bien concevoir les épouvantes qu'on y affronte.

Je ne me décourage pas cependant, et je continue à préférer mon hamac à ma selle. Malgré tout ce qu'on m'avait dit à Iakoutsk, où l'on croyait qu'il me deviendrait inutile dans les endroits périlleux, je trouve qu'il y a beaucoup moins de danger d'y rester étendue que de monter à cheval. Je puis alors facilement perdre l'équilibre à cause du vertige qui me saisit dès qu'entre les fentes des ponts ou du haut des côtes des montagnes j'aperçois les abîmes. Je fais à cheval une trentaine de verstes par jour, et jusqu'à présent je n'ai pas eu recours à ma selle d'homme. Mon mari s'est aussi convaincu que pour cet extraordinaire voyage et les immenses fatigues qu'on en éprouve, la selle de dame est bien plus agréable. Il commence à la préférer à la sienne et en profite de temps en temps. C'est peut-être un peu drôle, mais cela nous est bien égal, vous comprenez. On a perdu toutes ses coquetteries dans ces régions archisauvages, où les us et coutumes du monde civilisé ne sont plus de mise, surtout après deux semaines de chevau-

chée par des routes d'enfer et brisés d'émotion
et de fatigues, dont on n'a aucune idée ailleurs,
fort heureusement.

Ah ! par quoi nous passons ! Malgré ma bonne
volonté, il m'arrive de faiblir et de perdre toute
ma résignation. Une fois surtout nous avons eu
des rivières très profondes et très rapides à
traverser à la nage ; un orage terrible s'était
déchaîné ; les éclairs nous aveuglaient ; les
coups de tonnerre, répercutés par tous les
échos des grandes montagnes de la chaîne
Iablonoï, que nous traversions alors, faisaient
trembler et se cabrer nos chevaux ; une pluie
diluvienne nous inondait. Elle coulait, coulait,
cette eau glacée, ruisselant sur mes mains,
sur mes pieds, sur mon visage. Le sentier que
nous suivions était plus dangereux que jamais.
Nous passions tantôt par des plateaux et des
glaciers, où nous enfoncions dans la neige ;
tantôt nous escaladions des montagnes à pic
et rasions la côte aride, le chemin étroit et
détrempé encombré d'énormes blocs de pierres.
Épouvantée, transie, j'attendais avec une douloureuse impatience le moment où il nous serait
possible de nous arrêter. Malheureusement il

se passa beaucoup de temps avant qu'un abri sûr ait été découvert. On le trouva enfin sous une voûte, formée par des rochers surplombant une excavation. On y dressa une tente à la hâte, et ce triste refuge me parut un paradis, lorsque, devant un bon feu, je me réchauffai et séchai mes vêtements. Avec quelles délices je m'étendis sur mon lit de camp après ces heures d'angoisses et de fatigues !

Au matin, je me levai calme et gaie. L'affreuse journée d'hier n'était plus qu'un rêve. Le soleil qui brillait, éclatant, éclairait un splendide paysage et, par son rayonnement joyeux, effaçait toutes les lugubres impressions de la veille.

Et c'est ainsi que nous avançons, mes bons amis.

Catia.

28 juin 1851, Okhotsk.

Ma bonne tante,

Si vous saviez comme je suis heureuse d'être enfin arrivée à Okhotsk ! Malgré toutes les précautions et les peines qu'on s'est données pour m'adoucir les épreuves de cet atroce voyage, j'en ai bien souffert et les suites en ont été désolantes. Hélas! après les dernières nouvelles que je vous ai fait parvenir d'Alach-Youn, j'ai été bien malade, souffrant beaucoup, sans comprendre ce que j'avais. . . . .

. . . .

" Le voyage était devenu un martyre; il m'arrivait de m'asseoir au bord de la route sans avoir le courage de remonter à cheval, ni de m'étendre dans mon hamac. Je m'affaiblissais à vue d'œil. Nous n'avancions plus qu'au pas, et c'est presque en nous traînant que nous sommes arrivés à dix verstes d'Okhotsk, où je tombai sur l'herbe humide, sentant l'ail à couper la respiration et me roulai dessus, prise par des douleurs impossibles à décrire. . . . . . .

. . . .

A la fin, on imagina de faire un brancard de mon hamac et on m'y étendit; doucement six hommes me soulevèrent avec mille précautions, et c'est ainsi, à tout petits pas, deux cosaques nous précédant afin de prévenir le médecin, que nous atteignîmes Okhotsk à la nuit. Notre lugubre cortège fit son entrée dans la ville, déjà endormie, et s'arrêta enfin devant la maison qu'on nous avait préparée et où on me porta mourante...

Oh! que j'ai sangloté, que j'ai maudit cette horrible route, dont les périls, les épouvantes et les effroyables fatigues m'ont privée de mon plus doux espoir! Ma chère tante, vous qui avez un cœur de mère, vous comprenez, n'est-ce pas, ma grande douleur? Ah! il a fallu toute l'affection et les soins touchants de mon mari pour me forcer à me résigner à ce malheur! Je suis encore bien faible, je ne puis plus écrire. Adieu! je dois me recoucher.

CATHERINE.

Okhotsk.

... Mon mari est très affairé. Il n'a pas encore décidé sur quel vaisseau nous nous embarquons pour Aïaun. Il doit, de plus, choisir une cinquantaine de matelots et de cosaques parmi les hommes de la garnison et du port d'Okhotsk. Ils nous suivront à Petrovsk avec leurs familles. Comme mon mari tient à emmener ce qu'il y a de mieux parmi ces braves gens, la tâche n'est pas facile, car, outre leurs aptitudes de soldats et de marins, ils doivent aussi être des manœuvres expérimentés. Nous allons dans un désert dont les habitants sont des sauvages incapables de nous aider. Aussi concilier tout et tout prévoir n'est pas une mince affaire. Il faut penser à tant de choses et parer à tant d'éventualités. Mon mari commande et inspecte lui-même jusqu'aux outils des menuisiers. Une responsabilité accablante pèse sur lui; de grands devoirs lui incombent. Il y pense nuit et jour, et ces soucis lui ôtent l'appétit et le sommeil. Il est absorbé par l'unique idée de ne rien omettre, de ne rien négliger qui puisse servir aux besoins de la colonie, au bien-être et à la santé de tous ceux qu'il entraîne après lui dans les régions inexplorées de l'embouchure du fleuve Amour.

Personne ne s'est trompé sur le compte de Nevelskoy, mes bons amis. C'est un homme d'un grand esprit, d'un noble caractère, d'une inébranlable volonté. Je suis fière de porter son nom! Si vous aviez vu son désespoir pendant ma maladie! Il ne pouvait se pardonner de ne pas m'avoir confiée à vos tendres soins et m'avoir permis de le suivre à Petrovsk. Il pleurait comme un enfant, cet homme si énergique et si mâle, en me voyant souffrir. Je le fis taire, en lui disant qu'il divaguait. Quoi! je l'eusse laissé partir seul, manquant, dès le début de mon mariage, à mes devoirs, commettant une action indigne et lâche! Oh! mes amis, aurais-je pu, sans rougir de honte, envoyer cet homme, si noble et si grand, affronter les périls et les épreuves de son œuvre et rester moi-même à l'abri, tranquillement au coin du feu, pendant qu'il braverait tant de souffrances! Et puis, ô bassesse! après qu'il eût surmonté toutes les difficultés, échappé à tous les dangers, je lui serais revenue, au moment où il pouvait me rendre la vie agréable et facile! Jamais, jamais je ne commettrai une action aussi vile et aussi cruelle! Je suis persuadée que par cet horrible voyage et durant les sombres années dont nous partagerons la tristesse, je lui prouverai combien je le vénère, combien je le comprends, lui devenant plus chère et plus précieuse, résolue que je suis à tout endurer avec lui, à le soutenir et à le consoler toujours...

... Encore quelques mots, mes chers amis. C'est le *Baïkal* qui va nous embarquer. N'est-ce pas étrange que le premier vaisseau que j'aie vu dans ma vie soit précisément celui que mon mari a commandé, lors de ses admirables découvertes? Nous espérons partir demain si le vent nous favorise.

Mon accident n'a pas eu de suites fâcheuses et ma santé est complètement remise, grâce à ma jeunesse, mais encore bien plus, dit le médecin, à une constitution exceptionnellement robuste.

J'ai fait quelques emplettes à Okhotsk, entre autres un charmant ameublement de petit salon, laissé ici, il y a bien des années, par un navire étranger, qui ne l'a jamais réclamé. Je l'ai eu pour un prix très modeste, en comparaison de l'exorbitante cherté de ce lieu perdu. Malheureusement, il nous a été impossible de nous procurer un piano. Ceux qui existent à Okhotsk ne sont pas à vendre et les occasions d'en avoir un sont très rares. Cela me rend triste! Un piano me serait une grande ressource dans nos solitudes glacées.

Je crois qu'on s'est en général donné le mot de nous piller ici, profitant de l'ignorance où nous sommes des prix d'Okhotsk. Ainsi, par exemple, on nous fait payer les œufs frais quinze copecks!!! N'est-ce pas affreux? Cela vous donne une idée du reste.

Adieu, mes bons amis. Je vous écrirai à peine débarquée à Aïaun, petit port que la Compagnie russo-américaine possède sur la mer d'Okhotsk. Je vous embrasse tendrement.

Votre

CATHERINE.

Petrovsk, 24 juillet 1851.

Je suis enfin à Petrovsk, mes bien chers amis. Mais si vous saviez par quoi nous avons passé avant de mettre pied à terre et de nous installer dans l'unique *cabane*, bâtie au bord de la mer d'Okhotsk, à cent verstes de l'embouchure du fleuve Amour, dont petit à petit nous nous rendrons définitivement maîtres. Comme vous le savez, le gouvernement a défendu à mon mari d'agir résolument et n'admet pas l'occupation de ce point, pourtant si important pour la Russie. Cependant mon mari a décidé d'aller au delà de cette défense. Il va entreprendre une nouvelle série de reconnaissances et d'explorations, et s'est promis de fortifier Nicolaïevsk, tout

en fondant des postes sur les rives de l'Amour,
aussi loin dans le pays qu'il le trouvera nécessaire. Avant de partir pour Pétersbourg, l'année
dernière, il a laissé ses instructions à son lieutenant, M. Orloff. Cet officier a passé avec sa
famille et vingt hommes, cosaques et matelots,
tout l'hiver à Petrovsk. On a fait grande diligence en automne et au printemps, et quelques
constructions ont été prêtes pour notre arrivée :
une caserne, une maison (c'est-à-dire, enten-
dons-nous, une misérable cabane) pour le chef
de l'expédition, un bain russe et un énorme
hangar, dépôt pour les provisions. C'est tout.

Nous avons passé quatre jours à Aïaun. Une
grande inquiétude y régnait, et mon mari en
a été torturé plus que tout autre. Le brick
l'*Okhotsk*, qui a hiverné à Petrovsk, servant de
porte-respect et protégeant nos colons contre
les Guiliaks, dans le cas où ils feraient mine de se
révolter, au lieu de venir nous prendre à Aïaun
au commencement de juillet, ainsi que mon mari
l'avait prescrit au commandant et selon les
instructions qu'il avait laissées à M. Orloff, ne
reparut plus à Aïaun, où l'on était dans la plus
parfaite ignorance de son sort. C'était grave,

d'autant plus que le bruit courait entre Iakoutsk et Aïaun que les Russes avaient été massacrés par les sauvages. Les personnes sensées n'y ajoutaient pas foi, d'abord; mais quand, après une longue attente, le brick ne reparut pas à Aïaun, ce bruit sinistre parut être confirmé.

L'émoi, la consternation que causait ce retard était la première nouvelle que mon mari y recueillit en arrivant. Cela le mit dans un état de douleur et de surexcitation impossible à décrire. Il jurait que si réellement nos frères infortunés avaient été exterminés par les sauvages, il vengerait leur mort par de terribles représailles; il prouverait à ces monstres qu'on n'ose pas toucher impunément à un Russe !

Ma vie à moi, je la sacrifierai volontiers pour punir ces bêtes féroces et garder à la patrie les points que j'ai choisis pour elle. « Ce littoral doit être russe, il est russe et il restera russe! » s'écria-t-il en frappant du pied, tout pâle, les yeux brûlants de douleur et de rage.

En voyant les préparatifs belliqueux qui se faisaient autour de moi et l'attitude résolue de mon mari, je me sentais fière d'affronter le péril aux côtés d'un homme d'un si mâle courage. Je l'admirais, je l'adorais dans ces moments-là. Il m'apparaissait si grand, si énergique, pensant à tout, prévoyant tout et n'ayant peur de rien au monde.

Pourtant je ne veux pas me faire plus brave que je ne le suis, et je ne vous cacherai pas, mes chéris, que par instants la terreur me glaçait et que je frémissais à la pensée de ce qui nous attendait peut-être.

Dans son angoisse et au milieu de ses incertitudes, mon mari voulut me laisser à Aïaun. Mais ce n'était vraiment pas possible, mes amis, n'est-ce pas? J'eusse été la plus lâche des femmes, si j'étais restée tranquillement à l'abri, tandis que mon mari risquait sa vie en combattant pour l'honneur de la patrie et le sien. La lutte entre nous deux dura des heures, mais j'en sortis victorieuse : je suivis mon mari jusqu'au bout. Un navire de la Compagnie russo-américaine, le *Schélihoff*, mouillait sur la rade d'Aïaun. Il avait pris un chargement de farine pour les colonies américaines et attendait l'ordre de partir. Il y eut conseil entre mon mari, le chef du port et le commandant du *Schélihoff*.

On résolut, vu la gravité des circonstances, de nous faire accompagner par ce navire, afin que notre petite troupe devint plus menaçante avec son surcroît d'hommes et d'armes à feu. Au moment du départ, mon mari réitéra ses instances.

Le 14 juillet, au soir, le *Baïkal* et le *Schélihoff* levèrent l'ancre et mirent à la voile par un vent favorable. Nous marchions rapidement, et la terre ayant bientôt disparu à nos regards, la mer nous entoura de tous les côtés. Nous étions à bord du *Schélihoff,* ses cabines étant plus grandes et plus confortables que celles du *Baïkal.* Comme de raison, l'affreux mal de mer me reprit à peine embarquée.

Le 18, le vent était moins violent; mais, en revanche, un brouillard épais nous enveloppait de toutes parts. Nous n'étions plus qu'à quelques milles de Petrovsk, mais on jeta l'ancre par précaution. Vers le matin, le ciel s'éclaircit et, le temps s'étant remis au beau, les deux navires reprirent leur marche, lorsque tout d'un coup le *Baïkal* courut sur un banc de sable. La marée étant basse, il n'eut aucune possibilité à se dégager et resta immobile. Mon mari était désespéré, le vaisseau se trouvant ainsi dans une position assez dangereuse. Nous pouvions en outre faire une mauvaise rencontre, et le *Baïkal* ne serait pas en état de venir à notre secours. Mon mari ordonna de faire avancer le *Schélihoff* vers le vaisseau fortement engagé et, battu qu'il était par le flot et tout près d'un écueil, courant un véritable péril. On tira trois coups de canon, afin de prévenir notre colonie et savoir enfin à quoi nous en tenir sur son compte. Sûrement, on répondrait tout de suite à ce signal, si tout y était en règle. Mais aucun bruit ne rompit l'effrayant silence. Alors le sort de nos infortunés compatriotes nous sembla tel qu'on nous l'avait dépeint à Aïaun. Avec la lunette d'approche on pouvait distinguer, sur la rive qui se dessinait assez nettement, de vagues silhouettes de constructions. Mon mari eût bien voulu envoyer une chaloupe et quelques hommes armés pour voir ce qui en était, mais la position du *Baïkal* demandait un prompt secours et les efforts réunis de tout le personnel.

Nous avancions lentement. Mon mari était monté sur le pont depuis quelque temps déjà, lorsque, subitement, je l'entendis dévaler l'échelle et s'élancer dans le carré des officiers, où la plupart de ces messieurs se trouvaient en ce moment, en criant d'une voix altérée :

— Messieurs! montez tous, tant que vous êtes!

On obéit avec la promptitude de l'éclair. Je les suivis; mais, à peine au haut de l'échelle, un officier tout blême, les habits en désordre, m'arrêta en s'écriant :

— Descendez vite, Catharina Ivanovna, descendez, au nom du ciel!

Vous pouvez vous figurer l'état dans lequel je rentrai dans ma cabine. La terreur, l'affreuse incertitude me torturaient. Sachant qu'on s'attendait à être attaqués par les sauvages, je croyais qu'un combat allait se livrer là-haut, et, me jetant à genoux, j'implorai Dieu de nous aider à venger nos pauvres frères, en le suppliant, dans mon angoisse, d'épargner aussi la vie et le sang de mon mari et de tous ceux qui allaient se battre au nom de l'honneur national. A cet instant, mon mari parut. Malgré son anxiété, il s'était arraché du pont pour un moment, concevant tout ce que je devais souffrir. Je m'élançai vers lui, et, le saisissant au bras, je lui demandai, haletante, la cause des cris et du tumulte qui faisaient trembler le navire. Alors il me dit avec un calme effrayant :

— Une voie d'eau s'est déclarée dans la cale et le péril est très sérieux.

— Mais nous allons mourir! murmurai-je en un souffle.

— Je ne sais pas, reprit-il; nous ferons du moins tout ce qui est humainement possible... Dieu est plein de miséricorde... Mettons notre espoir en lui seul.

Et il remonta avec précipitation.

Vous en douterez peut-être, mes aimés, et pourtant c'est ainsi, je vous le jure, je devins calme tout à coup. Si mon cœur battait à se briser en cet instant terrible, ma raison était lucide et mon sang-froid me revenait. Je me dis qu'il fallait que je fusse prête à descendre dans une chaloupe, dès le moment où l'on m'appellerait. Je m'habillai très chaudement, je fis un paquet de notre argent, de mes bijoux, de nos papiers, de tout ce que nous avions de précieux; avisant la montre de mon mari et quelques objets de valeur sur sa table à écrire, je les serrai avec le reste. Puis, mon paquet entre mes mains, je m'assis sur un pliant et j'attendis. Je ne pouvais ni pleurer ni me plaindre. J'étais pétrifiée.

Quelques minutes s'écoulèrent et mon mari reparut. Son visage était moins pâle, ses traits moins tendus.

— Dieu soit loué! s'écria-t-il, nous sommes à peu près sûrs d'être sauvés. La mer, ici, n'a plus la même profondeur que tantôt et nous manœuvrons pour faire courir le navire sur un banc de sable, ce qui est d'autant plus facile qu'un vent favorable nous y pousse. Si nous ne nous sommes pas entièrement rendus maîtres de la voie d'eau, pourtant l'imminence du péril est passée, l'eau pénétrant à présent avec moins de force.

Il ajouta que si le vaisseau n'eût pas été entraîné par le vent loin de l'endroit où s'était produit le choc et où la mer était d'une grande profondeur, il aurait coulé en moins de dix minutes.

Je quittai alors la cabine, où l'eau commençait à pénétrer. Sur le pont, les matelots alignaient les barils de poudre retirés de la cale et travaillaient à sauver la cargaison et les bagages. Officiers, cosaques, même les jeunes femmes en pleurs, dont quelques-unes soutenaient leurs nourrissons du bras resté libre, pompaient de toutes leurs forces. L'eau nous arrivait jusqu'à la cheville. Les enfants et les vieilles, incapables d'aider au sauvetage, couraient, affolés, de côté et d'autre, se bousculant, criant, sanglotant, cherchant un refuge contre le flot qui montait toujours. Ah! l'effroyable spectacle! On se poussait, on se heurtait, chacun ne pensait qu'à soi, les affres d'une mortelle angoisse crispant tous ces visages et tordant tous ces bras.

Mon mari m'ayant complètement tranquillisée, je tâchai de donner un peu de courage et de confiance à ces pauvres créatures. J'allai d'un groupe à l'autre, les consolant, leur expliquant qu'il n'y avait plus de danger, qu'on sauverait tout le monde, les conjurant de rester tranquilles et de ne point affoler ceux qui travaillaient pour eux. Hélas! c'était peine perdue. Ils ne m'écoutaient même pas.

Sur ces entrefaites, les chaloupes furent descendues pour nous transférer tous sur le *Baïkal*.

On vint me chercher. Ah! mes amis, quand je vis tous ces yeux luisants de désespoir et d'envie se fixer sur moi, douloureux et fa-

rouches, mon cœur se serra d'une indescrip-
tible pitié.

— Jamais! criai-je, jamais je ne partirai la
première. Embarquez ces malheureux. Ils ont
peur et je sais bien, moi, qu'il n'y a plus rien
à craindre. J'attendrai.

Mais le capitaine, les officiers m'entraînaient,
me portaient presque, et mon mari me disait
avec autorité que chaque parole que je pronon-
çais et chaque effort que je faisais pour me
dégager étaient une perte de temps pouvant
coûter la vie à quelqu'un. Je me soumis en
pleurant (1).

(1) Voici comment le célèbre amiral parle dans ses
Mémoires de ce moment terrible : « Notre position était
critique. Tout l'équipage et tous les passagers étaient sur
le pont. Nous concevions parfaitement que si le vent chan-
geait, c'en était fait de nous. Le commandant du brick, le
lieutenant Matskévitch, son aide, le tout jeune lieutenant
Boschniak et d'autres officiers suppliaient ma femme de
quitter le navire au plus vite et de descendre dans la chaloupe qui devait la transférer sur le *Baïkal*. — Mon mari
m'a souvent dit que, lors d'un naufrage, le commandant et
les officiers quittaient le navire les derniers, répondait ma
jeune femme. — Je ne quitterai le *Schélihoff* que lorsqu'il
ne restera plus un enfant ni une femme à bord. — Je vous
somme de penser à eux avant moi. — On l'entraîna de
force. »

Arrivée sur le *Baïkal*, je fus rencontrée par le commandant (mon mari était sur le *Schélihoff*, veillant lui-même au sauvetage). Cet homme, au lieu de soutenir mon courage, m'entretint, au contraire, des risques que nous courions. Il était furieux de ce surcroît de charge. Il est vrai que le navire de ce pauvre homme se trouvait dans une position fort précaire, et son humeur massacrante s'en était augmentée. Il expliquait notre malheur par le manque de cartes précises et le peu de connaissance qu'on avait encore du détroit Tartare, presque inexploré. On découvrit plus tard la raison de notre naufrage. Grâce au brouillard si dense de la veille, nous avions dépassé Petrovsk et nous nous trouvions dans le limon du fleuve Amour, à peine connu, et dont on avait seulement une description sommaire. Ce limon étant plein de bas-fonds et d'écueils, l'accident de tantôt s'expliquait de lui-même. Quant aux bâtiments que nous avions aperçus, c'était un village guiliak, à vingt-cinq milles de Petrovsk.

Or il était tout naturel que nos Russes ne pussent entendre les coups de canon du *Schélihoff*. Une chose restait inexplicable au dire des marins : le navire n'avait éprouvé aucun choc ni reçu d'avarie quelconque avant l'accident, et pourtant l'eau était apparue subitement en augmentant avec une effrayante rapidité. N'était ce bienheureux banc de sable, nous eussions tous péri en moins de dix minutes.

Vers le soir, tous les naufragés étaient à bord du *Baïkal*. Mon mari prit lui-même le commandement du vaisseau, et, après des efforts de bien des heures, celui-ci put reprendre sa marche. Mais jusque-là, c'est-à-dire pendant toute la nuit, les coups qu'il recevait du flot le faisaient trembler du faîte à la base. Je vous avoue que ce fut alors que la terreur m'affola. J'étais hors de moi. J'avais affreusement peur, beaucoup plus peur que sur le *Schélihoff*. Là tout s'était passé si rapidement, que c'est à peine si j'ai eu le temps de concevoir l'imminence du péril. Ici je frémissais avec le navire, et tout choc me jetait hors de mon lit, à demi morte de frayeur. Mon mari descendait de temps à autre pour me consoler et soutenir mon moral.

— Sois tranquille, disait-il, je connais mon *Baïkal*. Il est admirablement bâti. Sa charpente est d'une solidité inaltérable. Tu verras, il résistera à toutes les épreuves sans en recevoir la moindre avarie.

Il avait raison : le vaisseau ne perdit pas un clou ; pas une planche n'a dévié ; pas une vis n'a glissé hors de son alvéole, tandis que le *Schélihoff* était un vieux bateau, qui depuis longtemps aurait dû être retiré de la navigation.

En mouillant enfin sur la rade de Petrovsk, nous eûmes la très grande joie d'apprendre que les sinistres bruits d'Aïaun n'avaient aucun fondement. Notre colonie n'a jamais été inquiétée, et les Guiliaks restaient parfaitement tranquilles. Quant au brick l'*Okhotsk*, il a été retenu à Petrovsk par quelques avaries qu'il avait reçues je ne sais où. Nos colons, heureux de notre arrivée, nous accueillirent avec une joie extrême...

Petrovsk, 2 août 1851.

J'ai reçu tes deux lettres, ma sœur bien-aimée, et je n'ai pas besoin de te dire le bonheur que j'ai éprouvé en te lisant. Ton cœur te le fait deviner, n'est-ce pas? Parle-moi de notre plus jeune sœur et de notre frère, mon Nicolas chéri.

J'ai si peur que notre longue séparation ne leur
fasse oublier l'exilée de Petrovsk, car Dieu seul
sait quand nous serons enfin réunis!...

... Les maisonnettes de la colonie ou du
poste, ou encore du port, comme tu voudras,
sont alignées sur une langue de terre avançant
bien loin dans la mer; aussi l'avons-nous de
tous les côtés. La jolie baie qui s'étale sous nos
fenêtres ouvre sur la mer d'Okhotsk, qui n'est
qu'à une demi-lieue de notre habitation. Le
bruit des lames arrive jusque dans les chambres.
J'admire souvent ce grandiose spectacle. Du côté
du continent, nous pouvons facilement apercevoir quelques villages guiliaks, dont les habitations sont aussi peu attrayantes que leurs maîtres.

Notre petite société se compose de tous les
officiers du *Baïkal*, du secrétaire de mon mari,
M. N., du médecin et de M. et Mme Orloff. Mon
mari, accompagné du lieutenant Boschniak, va
partir pour l'embouchure du fleuve Amour, afin
d'y fonder une nouvelle colonie, dont ce jeune
officier, très intelligent et très capable, deviendra
le chef. La famille Orloff et nous, nous habitons
en attendant la même maison, composée de
trois chambres et d'une cuisine; on est en train

de bâtir une petite cabane pour nous loger en hiver. Quant aux hommes, ils campent dans des tentes et dans le bain russe en attendant que la maison pour les officiers soit prête. C'est à moi qu'incombe la tâche très difficile de penser aux repas de tout ce monde; souvent c'est un véritable problème. Nous manquons de tant de choses! En revanche, nous avons d'excellent poisson en grande abondance. C'est inouï ce que les Guiliaks en pêchent et les énormes provisions qu'ils en font pour l'hiver. Ils nous en vendent très volontiers, c'est-à-dire ils l'échangent contre des pièces de calicot, des verroteries, des couteaux, l'usage de la monnaie leur étant encore inconnu. Petrovsk, avec ses tentes dressées de tous les côtés et les feux qu'on allume pour cuire les aliments des cosaques et des matelots, a l'air d'un camp jeté inopinément dans ce désert. Avec la verdure, avec le soleil et la mer toute bleue, miroitant gaiement autour de nous, c'est très joli. Mais, grand Dieu! que sera-ce en hiver!... Mon cœur s'est serré malgré moi, quand je suis entrée dans le misérable refuge où je devrai vivre pendant de si longs mois! J'ai faibli, j'ai fondu en larmes.

Je m'attendais bien à quelque chose de très simple, de très rustique ; mais la morne réalité a dépassé toutes mes prévisions. Quel contraste me présenta cette cabane avec le confort d'auparavant, la bonne vie large dans la maison de nos parents et celle de notre bon oncle ! Du reste, l'impressionnabilité de ma nature m'a servie en cet instant d'abattement. J'aperçus la délicieuse petite fille de Mme Orloff et la vue de cette enfant a séché mes pleurs. Quant à Mme Orloff elle-même, si ce n'est pas une « dame du monde », c'est, en revanche, une excellente personne, très serviable et très bonne.

Le premier saisissement passé, j'ai réfléchi aux moyens d'embellir notre triste demeure et grâce aux tapis et aux bagatelles que j'ai apportés, ce pauvre coin a pris un petit air de confort et de comme il faut presque gentil. Hélas ! mon délicieux meuble d'Okhotsk a été entraîné par les vagues lors de notre naufrage et je l'ai vu flotter, les yeux pleins de larmes, du haut du pont du *Baïkal*. J'aurais si bien arrangé mon pauvre nid, mais le sort m'a privée de ce plaisir (1).

(1) S. A. I. Mgr le grand-duc Constantin Nicolaïévitch, ayant appris que la jeune femme de son ancien chef et

Nous voyions souvent les laides personnes des Guiliaks rôder autour de nous. Malgré la poltronnerie qui les distingue, l'expression de leurs visages est féroce et cauteleuse. Leur costume consiste en un vêtement de peau de chien; leurs chaussures sont fabriquées avec de la peau de veau marin, et ils portent leurs cheveux noirs, durs comme la crinière d'un cheval, tressés en plusieurs longues nattes chez les hommes, en deux seulement chez les femmes qui les rattachent par des cordons. Ils ont de grands chapeaux, dont la forme rappelle vaguement le couvre-chef tyrolien, confectionnés grossièrement avec de l'écorce d'arbre et agrémentés le long des bords par d'horribles dessins. C'est d'un laid atroce, tout cela.

Je lis fort peu en attendant, profitant du court été polaire pour me promener par ce beau temps

compagnon de service l'avait suivi dans ces déserts, envoya à Mme Nevelskoy tout l'ameublement d'une élégante cabine de yacht, y compris un piano en bois de rose; attention délicate et touchante, d'un cœur vraiment royal. Elle ne reçut rien. Cette mer, qu'elle haïssait et dont elle ne parlait qu'en frissonnant, lui enleva le cadeau princier pouvant embellir sa solitude. Le navire sur lequel il était embarqué fit naufrage et coula à fond avec tout son chargement.

doux et tiède. Nous dînons à midi; cela arrange nos militaires et mon mari, car à Petrovsk tout est sacrifié au besoin du service.

J'espère avoir des nouvelles de vous tous avec la corvette. L'*Olivoutza* restera plusieurs jours ici, puis elle ira croiser dans les environs pendant tout le temps de la navigation. Elle porte plus de vingt officiers et cent trente matelots. Cela nous promet un grand surcroit de monde, comme tu vois.

Adieu, ma chère, chère sœur.

CATIA.

Petrovsk.

J'ai cru que la corvette ne restait ici que peu de temps et je n'ai pas eu l'intention de vous expédier encore une lettre, mes bons amis, croyant qu'elle ne serait que la répétition de la précédente. Mon mari a pourtant trouvé nécessaire de retenir l'*Olivoutza* à Petrovsk jusqu'à son retour de Nicolaïevsk sur l'Amour.

En partant pour Pétersbourg l'année dernière, il a recommandé à M. Orloff d'y faire commencer les constructions indispensables dès

que le printemps serait venu. Mais à peine
M. Orloff, suivant ses instructions, arriva-t-il à
Nicolaïevsk avec les hommes préposés aux travaux qu'on devait y entreprendre, qu'il fut forcé
de se retirer, s'étant heurté à la résistance d'une
foule de Guiliaks. Ceux-ci, brandissant leurs
couteaux, ne lui laissèrent pas abattre du bois
dans ces parages. Étant accompagné de fort
peu de monde et ayant négligé de se munir
d'armes à feu, le lieutenant Orloff ne put soutenir
efficacement les prétentions russes et dut se
retirer à Petrovsk, afin d'y attendre le retour de
son chef.

Celui-ci fut excessivement mécontent de ce
manque de prévoyance et refusa d'admettre
qu'on ne pût dans tous les cas en imposer à
une horde de sauvages. Avec son caractère viril
et son esprit entreprenant, il ne concevait pas
« que des êtres pareils pussent avoir l'audace
de contrecarrer les plans et la volonté d'un
Russe ». Avec son énergie ordinaire, plein de
feu et d'impatience, il organisa, sans plus tarder,
une expédition à Nicolaïevsk et partit accompagné du lieutenant Boschniak et de vingt-cinq
cosaques. Deux canons et une ample provision

13.

d'armes à feu complétaient le chargement des chaloupes. Mon mari n'a pas douté un instant, non seulement du succès de son entreprise, mais aussi de son paisible accomplissement. Il connaît trop les Guiliaks pour admettre la moindre possibilité d'une résistance sérieuse devant une attitude énergique et un ordre impérieux.

Ses prévisions se justifièrent. Les Guiliaks le reçurent à Nicolaïevsk avec une soumission obséquieuse, jurèrent entière obéissance à l'envoyé de *Pili-Pili-Djanguine*, et se mirent diligemment à aider nos hommes au transport du bois et aux travaux de constructions entrepris par les manœuvres que mon mari a amenés à Nicolaïevsk.

Après avoir laissé à M. Boschniak des instructions détaillées, mon mari est revenu à Petrovsk ce matin, très satisfait de son expédition.

Avec la grande énergie et l'intelligence remarquable du lieutenant Boschniak, la diligence des cosaques et l'aide empressée des sauvages (plus zélés encore depuis que les deux canons ont été retirés des chaloupes), tout ira bien cette fois-ci et une nouvelle colonie russe va surgir dans ce désert en y consolidant notre puissance. . . .

. . . .

Les quelques lettres que l'auteur de ce véridique récit a eu le bonheur de mettre sous les yeux du lecteur lui ont donné une idée assez complète de la noble personne qui les a écrites, *âgée à peine de dix-neuf ans.* Et sans doute elles lui ont fait aimer et vénérer cette jeune femme, si intelligente, si ferme, si courageuse et en même temps si tendre et si bonne. Elle est là, vivante, devant nous, dans sa grâce espiègle et naïve, dans tout son charme féminin, jolie et séduisante, affectueuse et loyale, vaillante, capable de se grandir à la hauteur des destinées exceptionnelles qui lui échurent et de comprendre la valeur morale de celui dont elle fut l'héroïque compagne. Or ces lettres l'ont peinte tout entière! et rien ne peut ajouter un trait de plus à ce portrait d'elle-même.

IV

Reprenant la plume, l'auteur ne suivra pas les héros de l'expédition amourienne dans leur dur et patriotique labeur quotidien. Mais tout en esquissant la vie des nobles pionniers au milieu de ces mornes déserts, tout en donnant certaines notions ethnographiques tirées des *Mémoires* de feu l'amiral, il veut signaler aussi les trois événements qui furent les étapes décisives de la conquête. Ces trois faits historiques sont l'occupation officielle de l'île Sahaline ; la prise de possession définitive du fleuve Amour, affirmée par le voyage du gouverneur général Mouravieff, qui en 1854 le descendit jusqu'à son embouchure, avec les troupes transportées par cette voie pour la défense du littoral contre la flotte anglo-française, — voyage et transfert sanctionnés par l'empereur, — et enfin la signature entre la Russie et la Chine du traité d'Aïgoune qui rendit l'occupation russe des régions de l'Amour et de l'Oussouri irrévocable, et la fit solennellement reconnaître par toutes les puissances du globe.

Durant ces cinq années d'héroïques efforts, il n'y a pas eu dans les travaux de l'expédition amourienne de faits insignifiants; tous avaient leur importance et, servant l'œuvre commune, chacun apportait une nouvelle pierre à l'édifice. Les hommes qui entreprirent l'exploration, la description, la colonisation de ce territoire énorme et totalement ignoré, portèrent tous, sans exception, bien haut le drapeau russe et soutinrent magnifiquement l'honneur national. Ils luttèrent de persévérance, de courage et de résignation vaillante; vaillante, répétons-nous, car supporter pendant des années la faim, le froid, le scorbut, les périls de toutes les heures, lutter contre les éléments et les terribles surprises du désert, vaincre, tant par la force que par la douceur, les brutes sauvages et sanguinaires avec lesquelles il fallait vivre, était certes de la vaillance, s'il en fut jamais. Accomplir des exploits dans le feu et l'ivresse de la bataille, les yeux du monde fixés sur vous, demande peut-

être un moindre courage que l'aride labeur
quotidien, avec les périls de chaque instant.
C'était là la vie des héros de l'expédition amourienne, portant dans le silence du désert la civilisation et la parole du Christ, conquérant, pas
à pas, un territoire immense, riche en minerai,
en fourrures, en bois, en terres fertiles, en
fleuves énormes, accomplissant cette œuvre
gigantesque *sans verser une goutte de sang*.

Infatigable au travail, le chef de l'expédition
lui-même forçait ses subalternes à un dur labeur;
ne se ménageant pas, oubliant son propre
repos, il n'exigeait pas moins des autres. Les
cinq années qu'il passa dans ces régions lointaines, animant tout, dirigeant tout, portant haut
le drapeau de la patrie et courbant les sauvages
devant le trône de la Russie, ne furent pour lui
qu'une longue série d'explorations et d'expéditions que rien n'arrêtait : ni la saison, ni l'absence de routes, ni le couteau du Guiliak, ni le
chasse-neige, cette tombe mouvante, ni la faim,
ni la fièvre, ni le scorbut, ni même les larmes de
sa jeune femme, abandonnée, presque seule, au
milieu du silence morne du désert blanc. Il se
sacrifiait entièrement à son œuvre patriotique,

et tous ceux qui dépendaient de lui et vivaient de sa vie devaient vaillamment l'imiter.

L'amiral Nevelskoy était de ces chefs qui font école; les officiers qu'il envoyait en mission, dans des parages totalement inconnus, et qu'il forçait ainsi à agir selon les circonstances et non d'après des instructions impossibles à préciser, furent tous à la hauteur de leur œuvre. Il savait les animer non seulement de l'ardent patriotisme qui le dévorait lui-même, mais développer en eux cette indépendance si nécessaire à ceux qui doivent savoir se trouver en face de l'imprévu et suivre l'idée du chef, même quand ses instructions n'ont pu être données de façon précise. Méprisant les petitesses de certains supérieurs qui se font une règle de jouer au sphinx impénétrable et de prendre leurs dispositions du haut de leur inaccessible grandeur, l'amiral Nevelskoy agissait par la persuasion, jamais par le droit seul de se faire implicitement obéir. Il expliquait tout à ses subalternes, il les écoutait attentivement quand ils émettaient une opinion même contraire à la sienne. C'était, avant chaque acte grave, une espèce de causerie, un conseil entre égaux, où l'on semblait venir ensemble aux résolutions, presque toujours prises d'avance par celui qui en était l'âme. On conçoit qu'un chef de ce genre eut une influence décisive sur son entourage. Ainsi, des hommes comme MM. Tschihatcheff (1), Boschniak (2), Orloff, Razgradsky, Petroff, Voronine, Koupréianoff (3) et autres nobles compagnons de l'énergique pionnier, ne pouvaient manquer de devenir des personnalités marquantes lors de l'occupation des régions de l'Amour. Avec le talent et la haute intelligence des uns, le courage et le dévouement que tous apportaient à l'œuvre patriotique, le contact de leur héroïque chef devait ajouter un lustre nouveau à leurs qualités natives et stimuler le noble zèle qui les animait. De tels hommes étaient dignes d'un tel chef, et ce chef était digne de ses compagnons de labeur, de sacrifice et de gloire.

(1) Actuellement ministre de la marine.

(2) Mort en 1875. L'amiral et Mme Nevelskoy ne l'appelaient pas autrement que le « Paladin », tant l'élévation de son caractère en faisait l'idéal d'un chevalier sans peur et sans reproche.

(3) En ce moment vice-amiral, occupant un poste important; un des meilleurs amis qu'aient eus l'amiral et Mme Nevelskoy. Quant à MM. Orloff, Voronine, Razgradsky, l'auteur ne sait pas quelle a été leur carrière. M. Petroff est mort à Pétersbourg, il y a quelques années.

A la mi-octobre 1851, écrit l'amiral, notre maison fut prête (jusque-là, nous habitions avec les Orloff); elle comptait trois sagènes de long et cinq de large. Le bois de construction n'étant pas entièrement sec, nous nous dépêchions beaucoup, et les poêles, très sommaires, étant faits de terre glaise et non de briques comme à l'ordinaire, il est évident qu'elle ne pouvait être ni chaude ni confortable. Pendant les chasse-neige nous étions, à la lettre, ensevelis et, la neige s'amoncelant jusqu'au ras du toit, nous nous voyions obligés d'entrer et de sortir par les mansardes du grenier. On avait bien de la peine à dégager et à déblayer les portes et surtout les fenêtres, afin de laisser pénétrer le jour à l'intérieur de notre morne habitation. Si on ajoute à cela une population de sauvages, nous surpassant considérablement en nombre, toujours armés de leurs couteaux et chez lesquels le droit du plus fort était la seule loi, on comprendra à quel point la vie nous était pénible à Petrovsk. Le port d'Aïaun, point civilisé le plus rapproché de nous, se trouvait pourtant à une distance énorme, et pour l'atteindre en hiver, il fallait faire mille verstes par des chemins indescriptibles, à rennes ou en traîneaux attelés de chiens.

Nonobstant tous les dangers et toutes les privations, manquant constamment du nécessaire, les officiers et les détachements supportaient héroïquement cette vie de souffrance, et ma jeune femme, elle aussi, l'endurait sans le moindre murmure, tant nous com-

prenions tous l'immense portée de nos sacrifices pour
la patrie que nous tâchions de servir de notre mieux.
Notre seule distraction pendant nos rares loisirs était
une promenade sur mer en pirogue guiliak *(baïdarka)*
ou une tournée en traîneaux indigènes, attelés de
plusieurs chiens à la file, en hiver. On mettait pour
ce cas une espèce de soutane en peau de renne par-
dessus son vêtement, le seul costume possible pour
ces courses sauvages à travers le désert blanc qui
nous environnait.

Cependant les marchands mandchous, furieux de ce
que je ne leur permettais pas d'enivrer les Guiliaks
avec de l'arac pour les piller ensuite, excitèrent ceux-ci
contre nous. Une émeute éclata qui aurait pu avoir
pour nous des résultats terribles. Mais, grâce à des
mesures énergiques et à la sévère punition que je
fis infliger à ceux des meneurs mandchous que mes
hommes avaient arrêtés en flagrant délit d'excitation
à la révolte et au massacre, cette petite rébellion fut
étouffée dès le début. La leçon avait servi, et nos
sinistres voisins ne nous inquiétèrent plus jamais.
Quant à nous, nous tâchions de ne pas les blesser
dans leurs usages par des moqueries et des brutalités
aussi grossières que funestes à notre œuvre de civilisation et de paisible conquête.

La plus sacrée des coutumes indigènes était la
défense absolue de jamais emporter du feu hors du
yourt, comme aussi d'y coucher la tête contre le mur
et autres puérilités de ce genre, auxquelles il ne nous

coûtait rien d'acquiescer et de nous soumettre, quand il nous arrivait d'entrer dans leurs demeures. Nos hommes étaient sévèrement réprimandés, châtiés s'il le fallait, en présence des Guiliaks qu'ils avaient offensés, s'ils se permettaient de les brutaliser ou de les blesser dans leurs croyances ou leurs habitudes. J'exigeais, dans nos rapports avec eux, une loyauté sans accroc et une douceur pleine de fermeté, qui leur ferait non seulement aimer, mais profondément vénérer le nom russe. Si notre conduite les étonna en les attachant à nous, la vue de nos canons leur enleva bien vite toute velléité belliqueuse. Ce qui leur en imposait surtout, en excitant leur admiration, c'était la cérémonie quotidienne du drapeau qu'on hissait à l'aurore et qu'on descendait à demi au couchant, après la prière du soir, dite par nos hommes à tour de rôle au milieu d'un religieux silence et devant les officiers et les détachements réunis. Le service divin que nous célébrions tous les dimanches et les jours de fête, et auquel je leur permettais d'assister, ajoutait encore à notre prestige. Profitant de cette agglomération d'indigènes, accourant quelquefois de fort loin pour l'heure de la messe ou des prières, nous leur répétions sans cesse que nous étions venus pour les protéger contre la rapacité et la cruauté des marchands mandchous. Quant à nous-mêmes, nous ne toucherions jamais ni à leurs biens, ni à leurs usages, qu'ils étaient libres d'observer comme auparavant. Ils comprirent ainsi que nous n'avions aucune intention de les combler, malgré eux, des bienfaits de notre civilisation, ni de les forcer à embrasser notre religion. Ils se persuadèrent aussi que nous étudiions leurs mœurs sans chercher à violer leurs croyances et surtout sans avoir la moindre peur des Mandchous, ce qui nous grandit extraordinairement à leurs yeux.

L'affabilité avec laquelle étaient reçus les indigènes aux postes russes acheva de nous les conquérir. On en voyait de plus en plus à Nicolaïewsk et surtout à Petrovsk, où ma jeune femme les attirait par son accueil bienveillant et hospitalier. Elle les installait en rond, autour d'une grande marmite pleine de thé ou de gruau, sur le plancher de l'unique pièce qui nous servait de salon, de salle à manger et de cabinet de travail. Pour prouver combien ils étaient enchantés de son régal, les sauvages lui frappaient sur l'épaule et lui redemandaient du thé ou du *tamchi* (tabac). Malgré que la société de ces sauvages qui ne se lavaient jamais, vêtus de poil de chien, ruisselant de graisse de veau marin et répandant une odeur nauséabonde, fût plus que pénible, non seulement pour une jeune femme de la naissance et de l'éducation de Catherine Ivanovna, mais aussi pour la plus grossière paysanne, ma femme supportait ces horribles visites avec dévouement et stoïcisme. Elle comprenait que c'était là le seul moyen pour nous d'acquérir des notions plus ou moins précises sur l'énorme territoire que nous avions résolu de conquérir à la Russie. Son accueil hospitalier déliait la langue à ses hôtes hideux, qui nous racontaient alors tout ce que nous voulions savoir, énumérant les fleuves, les lacs, les marais et les montagnes que nous allions trouver sur notre chemin pendant telle ou telle expédition. Nous apprîmes ainsi petit à petit les us et coutumes, les mœurs et les croyances de toutes les peuplades habitant plus avant dans le pays et avec lesquelles, forcément, nous devions avoir affaire (1). Il est vrai que ces indications étaient souvent plus que sommaires. Ainsi, pour expliquer les distances, Guiliaks et Toungousses prenaient un morceau de craie et un autre de charbon· et tiraient des lignes sur le plancher, blanches pour le jour et noires pour la nuit. Nous n'avions qu'à les compter pour nous assurer de la durée de nos voyages. On comprend combien ces explications manquaient de précision et à quel point il nous était difficile de faire nos calculs sur une base aussi peu sûre. Je l'ai déjà dit, aucune carte ne pouvait nous servir. Quant à celles du littoral, relevées par les La Pérouse et les Krousenstern, elles nous avaient bien souvent induits en erreur, à cause des graves inexactitudes dont elles fourmillaient.

Tracer un plan d'action sur cette immense étendue

(1) Le lecteur a déjà fait l'observation de la sage méthode adoptée par le colonisateur russe. Qu'il y a loin de cette manière humaine et persuasive à la méprisante et cruelle hauteur des Anglais et à la brutalité arrogante des Allemands en pareil cas !

14.

de terrain inhabité n'était pas chose facile, et pourtant ce plan était indispensable pour le but que je poursuivais, c'est-à-dire prouver au gouvernement l'importance capitale de l'occupation de ce territoire, ouvrant à la Russie un vaste débouché vers l'océan Pacifique. Or, pour cela, il me fallait résoudre deux problèmes : la question *maritime* et la question des *frontières,* toutes les deux de première importance pour la preuve irréfutable, que j'entendais présenter au gouvernement, de la grande signification des régions de l'Amour pour l'avenir politique, stratégique et économique de la Russie à l'extrême orient de ses États. . . . .

. . . .

D'après la convention avec le gouvernement, les vaisseaux de la Compagie russo-américaine n'étaient pas obligés de s'arrêter à Petrovsk. Si, dans l'espace des trois ans que nous y passâmes, il en mouilla quelques-uns sur notre rade, c'était grâce à la pitié et à l'humanité du chef du port d'Aïaun ou encore lorsque toute notre colonie était menacée de succomber à la famine. On jugera à quel point le service de la poste devait être irrégulier en hiver par l'exemple suivant. Il arrivait que le Toungousse, choisi pour porter nos lettres et parti de Petrovsk en traîneau attelé de rennes ou de chiens, rebroussait chemin après un voyage de deux semaines (il en fallait six pour atteindre Aïaun en hiver), suspendait sa sacoche aux branches d'un bouleau quelconque, au milieu d'une énorme forêt, et nous revenait, exigeant un supplément à sa provision de thé, de poudre et de tabac. Un navire mouillant à Petrovsk et le Toungousse apportant le courrier étaient reçus par nous avec une joie que connaissent seuls les exilés.

Cette vie était surtout bien dure pour ma pauvre femme, placée, si jeune, dans des circonstances aussi extraordinairement pénibles.

On n'a pas idée de la peine que nous avons eue à convaincre nos étranges postillons de la gravité d'un service de poste régulier et consciencieux. Longtemps ils ne purent comprendre la grande importance des « petits chiffons » qu'on leur donnait à porter si loin. Aussi arrivait-il fréquemment qu'un de mes officiers parti en mission dans l'intérieur du pays, me demandant mes instructions, sa lettre me parvenait le jour ou même le lendemain de son retour à Petrovsk, quand, après une longue attente, lui de mes nouvelles, et moi anxieux des siennes, il s'était arrangé lui-même, ne comptant plus que sur sa propre initiative.

Il était tout aussi difficile d'habituer les sauvages à l'obéissance et à une certaine hiérarchie dans leurs villages, surtout à la légalité : la force physique et la somme de richesse (en fourrures, en tabac, en poisson, en étoffes) faisant pour eux les frais de loi et de droit. En voyant chez moi le portrait de l'empereur, ils le nommèrent le Pili-Pili-Djanguine, « vieillard aussi riche que fort ».

Il m'a fallu une sérieuse et tenace étude de leurs mœurs et de leur caractère pour parvenir à leur faire comprendre la nécessité pour eux de choisir dans chacun de leurs villages un intermédiaire entre nous et eux-mêmes, recevant mes instructions et y obéissant, m'informant, moi ou les chefs des postes voisins, des réclamations et des besoins de ses covillageois, une espèce de *starosta* en un mot. Les habitants des contrées basses du bassin de l'Amour, plus doux et beaucoup plus intelligents que les Guiliaks, furent les plus faciles à amener à cette exigence de la civilisation et de l'ordre le plus rudimentaire . . . . .

Catherine Ivanovna Nevelskoy contribua surtout à provoquer parmi les Guiliaks et les Toungousses le pieux désir du baptême que, jusqu'à l'arrivée de l'aumônier de l'expédition (le Père Gabriel Véniaminoff) (1), le gouverneur donnait lui-même aux sauvages. Subjugués, pleins d'admiration timide devant les pieuses pratiques des dimanches et des jours de fête, touchés par la justice et la bonté des Russes, en qui ils sentaient des maîtres aussi humains que

(1) Jusqu'à l'arrivée de l'aumônier de l'expédition, le Père Véniaminoff, l'amiral lisait l'Évangile et le rituel de la messe à ses subalternes réunis. S'il était absent, un des officiers supérieurs entreprenait cette pieuse tâche.

fermes, aussi sévères que loyaux, ils venaient en troupe demander l'ablution sacrée.

Cette bénédiction que prononçait, au-dessus de leurs têtes courbées, l'homme de génie dont l'âme virile et croyante était pleine d'adoration pour ce Dieu qu'il invoquait en ce moment solennel, ce baptême sans apprêt et sans éclat, accompli avec une simplicité patriarcale, dans le silence du désert, avait une majesté et une grandeur qui rappellent au souvenir attendri les admirables rites de nos pères aryens.

Ce fut encore Mme Nevelskoy qui enseigna aux sauvages les premiers éléments de l'agriculture. Jusque-là, ils avaient une peur superstitieuse de creuser la terre et de goûter les produits des semailles, croyant fermement que leurs dieux les en puniraient de mort. Ainsi, l'on ne pouvait parvenir à leur faire manger des pommes de terre, encore moins à les cultiver. Il a fallu toute la grâce, la persuasion et la douceur d'une femme d'élite, pour ébranler une croyance, aussi saugrenue que profondément enracinée.

Un jour, devant une vingtaine de Guiliaks réunis autour d'elle, convulsionnés de peur, mais emportés par la curiosité, Mme Nevelskoy tenta une épreuve décisive. Aidée de Patken, un jeune Guiliak qu'on avait pu dégrossir assez pour pouvoir l'employer à de petits services domestiques, et de Sakoni, sa femme, elle bêcha elle-même la terre et fit plusieurs plates-bandes où elle planta des pommes de terre de ses blanches mains. La récolte venue, elle rassembla une foule de Guiliaks, tira quelques pommes de terre, les fit rôtir, et en mangea, secondée de Patken, de Sakoni et de Nakovan, — autre sauvage au service de la colonie,— en présence des spectateurs ahuris. Cette expérience dépassa toutes les espérances des pionniers. Les Guiliaks, en voyant que ni Patken, ni Nakovan, ni Sakoni n'étaient morts après avoir bêché la terre et mangé de son produit, se décidèrent à vaincre leur préjugé et, depuis ce jour, la culture de la pomme de terre contribua largement à leur subsistance.

Bien plus, Mme Nevelskoy leur donna les premières notions de propreté, et, surmontant son dégoût, lava et peigna elle-même quelques femmes et enfants guiliaks. Aussitôt, toutes les sauvagesses furent prises de l'envie de se faire plus belles. On en voyait des quantités, immobiles et patientes, tandis que les femmes des

cosaques et des matelots les lavaient à grande
eau au bord de la mer ; quelquefois, leurs maris
leur venaient en aide par d'énergiques coups
de brosse ; après quoi, elles se miraient com-
plaisamment dans les flots de la baie, satisfaites
et fières de leur beauté.

Mme Nevelskoy ne négligea pas non plus de
leur enseigner la couture, cousant elle-même,
aidée par sa femme de chambre, la bonne Eudoxie, des chemises de grosse toile et des *sara-
fanes* (jupes à bretelles, portées par les pay-
sannes du nord de la Russie), dont elle faisait
cadeau aux plus diligentes des sauvagesses.
Comme elles voulurent toutes apprendre à
coudre, on les munit amplement d'aiguilles et
de fil, et on les encouragea de toute façon à
cette occupation utile.

Après quelques mois de séjour à Petrovsk,
Mme Nevelskoy apprit assez de guiliak pour
pouvoir se faire comprendre par ces sauvages.
Alors, de sa douce voix, elle leur parla de Dieu,
du Christ, du devoir, de l'amour du prochain,
adaptant à leur esprit inculte les grands pré-
ceptes évangéliques, préparant ainsi les voies
aux missionnaires, que l'administration sibé-

rienne envoya plus tard dans ces parages.

On ne forçait pas les Guiliaks à embrasser le christianisme; les Russes ne violentèrent jamais leurs sentiments et ne blessèrent pas leurs croyances. L'èsprit militant et la prédication quand même ne sont ni dans nos mœurs, ni dans le caractère de notre Église. Ces idolâtres furent entraînés dans le giron du Christ uniquement par l'influence morale, par l'exemple, par les actions humaines et loyales des blancs qui s'étaient établis parmi eux.

Pendant les deux premières années de son dur exil, Mme Nevelskoy, presque toujours seule, eut surtout besoin de tout son admirable courage. Son mari absent, les officiers dispersés de tous les côtés de l'énorme territoire, la plus grande partie des cosaques et des matelots partis avec eux, elle restait à Petrovsk, entourée de sauvages, sans nouvelles pendant des semaines entières. Tremblante de froid et d'épouvante, la malheureuse femme passait des nuits sans sommeil, ces interminables nuits polaires, hantée de sombres terreurs, croyant entendre les hurlements des Guiliaks, accourus pour piller la colonie et la massacrer, ou bien le souffle hale=

tant d'un Toungousse venant lui annoncer la mort de son mari, tué par les Mandchous ou enseveli sous le chasse-neige. Une fille lui était née dans le courant de ces deux terribles années; mais, faible et chétive, elle vécut ou plutôt traîna sa misérable petite existence jusqu'à sa troisième année; puis, un soir, elle se laissa mourir *de faim et de faiblesse* dans les bras de sa mère affolée. L'enfant refusait le poisson, elle en avait le dégoût; son portefeuille plein d'argent, sa mère ne pouvait lui donner autre chose. Les vaches de l'expédition étaient mortes; on se nourrissait de viande salée et de pommes de terre; mais la petite Catia, toute pâle et asthmatique, ne voulait que du lait, seulement du lait. Il n'y en avait pas et elle est morte de faim, — *à la lettre.* Alors le désespoir terrassa la vaillante jeune mère, qui tomba gravement malade. Le ciel eut pitié d'elle. Mme Élisabeth Batchmanoff, une femme angélique et intelligente, arriva à Petrovsk, à la suite du lieutenant Batchmanoff, son mari, désigné pour faire partie de l'expédition amourienne (1). Elle soigna Mme Nevelskoy

(1) Morts tous les deux depuis longtemps.

15

comme une sœur et, grâce à sa tendresse, la pauvre désespérée put renaître à la vie et doucement se résigner à cette nouvelle épreuve, la plus dure de toutes pour son cœur. Une joie inattendue acheva de la guérir. Son frère unique, ce Nicolas qu'elle aimait tant, lui arriva un jour avec la corvette l'*Olivoutza*.

Ce jeune homme, profondément impressionné par les lettres de sa sœur qu'il recevait à Moscou, où il terminait ses études, sentit son cœur se fendre de pitié pour elle à la pensée de ce qu'elle endurait là-bas. De plus, les exploits de l'expédition amourienne tentaient son noble courage et charmaient son vif esprit.

Sa résolution fut prise. Malgré toutes les remontrances et les conseils de ses parents et amis, il quitta l'Université et, après un travail acharné de quelques mois, passa ses examens d'officier de marine, fut reçu enseigne de vaisseau et, grâce à ses démarches réitérées et pressantes, embarqué sur un navire en partance pour Petropavlovsk. L'*Olivoutza*, passant par la mer d'Okhotsk, le reçut à son bord et le déposa sain et sauf à Petrovsk, où son arrivée donna à sa sœur, touchée jusqu'au fond de l'âme d'une affection aussi dévouée, une des plus grandes joies de sa vie (1).

La mort si navrante de la pauvre petite Catia fut un coup cruel pour son père; le travail seul adoucissait sa profonde tristesse. Il la mentionne brièvement dans ses *Mémoires* :

Arrivé au poste Mariinsky, je reçus une douloureuse nouvelle. Ma malheureuse enfant venait de mourir et ma femme était dangereusement malade. Je suis parti en hâte pour Petrovsk, en simple *baïdarka*. Ma femme relevait à peine de sa maladie; elle était l'ombre d'elle-même. La vue de la petite tombe sur cette langue de terre perdue était pour nous une lourde épreuve. C'était là une nouvelle douleur ajoutée à nos peines; mais nous nous y résignâmes, nous disant que ce dur sacrifice était l'holocauste que nous devions apporter sur l'autel sacré de la patrie.

(1) Eltchaninoff (frère de Mme Nevelskoy) est mort, en 1861, des suites d'un empoisonnement, dont il a été victime à Shanghaï. C'était au moment de la guerre entre l'Angleterre et la Chine. Les boulangers chinois, par haine des Européens, avaient empoisonné le pain qu'ils leur vendaient. M. Eltchaninoff et un autre officier, M. Rimsky-Korsakoff, en mangèrent malheureusement. On les sauva dans le moment, mais les suites très graves furent cause de lésions sérieuses qui amenèrent leur mort peu d'années après.

L'homme tout entier s'est peint dans ces quelques lignes, qu'un Scævola ou un Brutus eussent pu signer.

V

Une suite d'expéditions et d'explorations attentives, périlleuses, lointaines, hérissées de difficultés, accomplies à rennes ou en traîneaux à chiens, à travers des plaines neigeuses ou des montagnes énormes, prouvèrent toutes que jamais aucune frontière n'avait été tracée par le gouvernement chinois, et que l'académicien Midendorf s'était trompé en prenant quelques amas de pierres pour les vestiges de poteaux indicatifs. Partout, dans ces régions, les sauvages étaient indépendants et libres ; les Russes, toujours les bienvenus, étaient considérés comme de puissants protecteurs contre les marchands mandchous, ceux-ci visitant ces parages à l'insu et malgré la sévère défense de leur gouvernement.

Longeant les fleuves Amour, Amgoune, Zéa,

Oussouri et autres rivières importantes, les explorateurs russes, en avançant plus à l'intérieur du pays ou en côtoyant la mer, découvrirent de grands lacs, pouvant facilement relier entre elles les voies de communication naturelles. Parmi ces lacs, celui de Kizi surtout est remarquable, très vaste et si à proximité de la mer que les Guiliaks traînent à bras leurs pirogues sur l'étroit espace de terrain qui l'en sépare. Partout de magnifiques forêts de cèdres, de pins, de mélèzes, bordent ces fleuves, entourent ces lacs, boisent les hautes montagnes que, dans leur périlleux parcours, les pionniers gravissaient même au cœur de l'âpre hiver.

Les peuplades qu'ils rencontrèrent, en remontant le cours de l'Amour, étaient de mœurs plus douces que les cruels et cauteleux Guiliaks. Elles vivaient du produit de leurs chasses, aussi abondantes que variées dans ces énormes forêts vierges et giboyeuses. Quant à l'agriculture, aucune d'elles n'en avait la moindre notion, et les biscuits que ces sauvages recevaient quelquefois des Mandchous constituaient pour eux un rare et délicieux régal. En temps de pêche, ces indi-

TRAINEAU ATTELÉ DE CHIENS PASSANT A TRAVERS UNE PLAINE NEIGEUSE.

Les deux hommes sont habillés de peau de chien.
Le conducteur est chaussé de raquettes qui le soutiennent sur la neige.

gènes, appartenant à la race toungousse, descendaient le fleuve pour faire leur provision de poisson, en pirogues légères, fabriquées d'écorces d'arbres.

Ainsi, après une série d'expéditions, la question des limites était résolue, la Chine se tenant scrupuleusement à la lettre du traité de Nertchinsk, n'ayant jamais eu la moindre prétention sur les régions de l'Amour et le littoral sibérien. La seconde question, non moins grave, c'est-à-dire la question maritime, se résolvait à son tour. Les baies du golfe Tartare, étant reliées à l'Amour et à l'Oussouri par des voies intérieures, ont, à cause de leur admirable position, une très grande signification économique et politique; celles de la mer d'Okhotsk et du Kamtchatka ne présentent aucun moyen d'y fonder des ports sérieux, par raisons géographiques et climatériques. Quant au lac Kizi, au golfe Nangmar et au fleuve Oussouri, ils ont pour la question maritime une importance de premier ordre. Scrupuleusement étudié, le fleuve Amour, comme Guennadi Ivanovitch l'avait prévu, se trouvait apte à la navigation et à porter, non pas seulement de grands navires de commerce, mais

jusqu'à des vaisseaux de guerre. Côtoyant des
lacs énormes et recevant les eaux de ses nombreux affluents, il établissait un lien direct entre
la Sibérie orientale et l'Océan. L'amiral, après
le résultat de ses explorations, résolut plus que
jamais de s'emparer, au nom de la Russie, de ce
territoire neutre. Il planta donc bravement le
drapeau de la patrie sur tous les points qui lui
paraissaient importants, sans se soucier de la
formelle défense du très circonspect Allemand,
le comte Nesselrode. Malgré l'exiguïté des
moyens qu'il avait à sa disposition, il fonda des
postes militaires et jeta les bases de la colonisation sur toute l'étendue du littoral et le long de
l'Amour, faisant ainsi, pas à pas, la lente mais
sûre conquête de ces régions lointaines. Envers
et contre le gouvernement, la domination russe
y devenait un fait accompli. Les irascibles Mandchous eux-mêmes en subirent promptement
l'influence. Ils n'osaient plus rien entreprendre
dans leurs relations avec les Guiliaks, avant de
s'être adressés aux chefs de poste, qu'ils priaient
aussi d'être les arbitres des querelles qui s'éle-
vaient entre eux et les sauvages.

Dans ses rapports au général Mouravieff, le

chef de l'expédition amourienne demandait toujours, et avec instance, un supplément d'hommes
et de munitions, expliquant ces démarches par la
nécessité absolue d'outrepasser ses instructions
au nom des avantages visibles et incontestables
que la patrie en recueillerait.

Quant à la Compagnie russo-américaine, il la
priait de le munir d'un supplément de marchandises grossières pour ses trafics avec les Guiliaks,
et surtout de lui envoyer une collection d'engins
de pêche, afin de leur enseigner une manière
moins barbare et destructive de cette exploi-
tation, source principale de leur nourriture.
Faut-il ajouter qu'on ne l'écouta pas ?

Un jour, quelques Guiliaks, habitants de l'île
Sahaline, vinrent à Petrovsk pour une de ces
petites affaires que les indigènes avaient constamment avec leurs voisins blancs. Toujours à
l'affût d'une découverte, le commandant et ses
officiers furent frappés de voir sur les grossiers
vêtements des indigènes des boutons noirs dont
ils voulurent connaître la provenance, car, les
ayant examinés, ils s'étaient persuadés que
c'était là du charbon de terre. Les sauvages

expliquèrent avec empressement qu'on rencontre au Sahaline « des montagnes de cette pierre molle ». Ils racontèrent en outre que les Japonais avaient depuis peu des colonies en Sahaline, mais que, bien avant leur apparition, cinq Russes s'étaient établis sur leur île et que le dernier de ces Russes venait de mourir de vieillesse. Ayant recueilli ces informations précieuses, le chef de l'expédition, déjà résolu de joindre l'occupation du Sahaline à celle des régions de l'Amour, s'empressa, sans perdre un instant, de s'en occuper.

Un officier fut envoyé pour décrire minutieusement ses rives et chercher un point abrité et commode à l'élévation d'un premier poste. Ce port naturel fut découvert par le lieutenant Boschniak au fond d'une baie admirable, qu'il nomma le « golfe-Impérial »; c'est là que bientôt apparut le poste Constantinovsk, dont ce jeune homme devint le chef, transféré là-bas de Nicolaïevsk. Nous verrons par la suite les dures épreuves qu'il eut à y supporter.

Pendant que le vaillant officier explorait les rives du Sahaline, son chef et ses camarades continuaient leurs travaux sur le continent.

Après deux siècles de silence, écrit l'amiral, la prière chrétienne s'éleva sur ce territoire mystérieux, implorant le Seigneur d'octroyer aux pionniers russes le courage, la persévérance et l'énergie nécessaires pour braver et vaincre les obstacles et les périls qui se mettaient entre eux et le but glorieux qu'ils poursuivaient! Après deux siècles, les coups de feu russes retentirent de nouveau dans ces solitudes et sur les hauts rochers encadrant la royale rivière (1). Mais ces coups de feu ne ressemblaient pas à ceux de ne nos barbares devanciers, ils ne faisaient pas couler le sang, ils n'apportaient pas la mort; précurseurs d'une ère nouvelle, ils saluaient le drapeau de la patrie flottant sur ces rivages reconquis, ils proclamaient la vérité victorieuse, ils dissipaient les erreurs séculaires, ils acclamaient la civilisation, se frayant enfin une voie dans ce désert, aurore éclatante des vastes projets que Pierre Ier et la Grande Catherine avaient jadis caressés pour l'extrême orient de leur empire!... Telle était la mission qui nous incombait, et l'année nouvelle (2) nous trouva plus résolus que jamais à la remplir jusqu'au bout, nonobstant les privations et les dangers qui surgissaient de tous côtés sur l'épineuse route du devoir et du complet sacrifice de nous-mêmes!

Mais avant de l'atteindre, ce but glorieux, que

(1) L'Amour.
(2) 1852.

de souffrances! Il fut un moment où l'expédition tout entière faillit succomber à la famine, et le scorbut s'étant déclaré, il s'attaqua légèrement à Mme Nevelskoy elle-même. Il fallut toute l'inébranlable énergie, tout le prestige moral du chef pour soutenir le courage des détachements (quant à sa femme et à ses officiers, ils ne bronchaient pas dans leur noble dévouement), et surtout pour parvenir à forcer la Compagnie russo-américaine à lui fournir les vivres et les munitions nécessaires.

Ce fut là une lutte acharnée entre les exigences de la vie réelle et la lettre morte des paperasses. L'esprit bureaucratique s'y dépeignit dans toute son étroitesse et sa cruauté.

Se tenant à la lettre des instructions de la chancellerie du comte Nesselrode, la Compagnie russo-américaine refusait d'envoyer un surcroît de provisions, prétextant qu'ainsi la somme fixée par le gouvernement (50,000 roubles) pourrait *peut-être* se trouver dépassée; si même, déclarait-elle, il lui eût été possible de le faire, elle n'eût pu effectuer ce transport sur ses navires à elle, le gouvernement ayant décidé que le ravitaillement des postes se ferait par des vaisseaux de la Couronne. Les administrateurs de cette sage Compagnie ne comprenant pas, ou plutôt ne voulant pas comprendre, l'importance politique de l'expédition amourienne, apportaient toujours la plus mauvaise volonté à son service. Ainsi, dans la terrible éventualité du moment, ils eussent tranquillement laissé mourir de faim ces hommes, ces femmes et ces enfants, qui leur donnaient un surcroît de besogne, et cela pour quelques mots qui, dans ce cas spécial, perdaient toute leur signification et devenaient fatalement un arrêt de mort, réservant à ceux qu'il frappait la couronne douloureuse du martyre.

Il se trouva pourtant un cœur qui frémit à cette affreuse pensée et ne permit pas que le trop mérité reproche d'ineptie et de meurtre puisse être jeté à la face de la Compagnie russo-américaine. Le chef du port d'Aïne, le capitaine de vaisseau Kaschevaroff, mû par des sentiments d'humanité et de justice qui lui font honneur, se décida à enfreindre tous ces ordres, fit charger un navire et l'expédia à Petrovsk, sauvant ainsi les héroïques pionniers et leur œuvre de patriotisme et de dévouement.

Telles étaient les conditions dans lesquelles se

passait la vie d'une jeune femme belle et bien née, élevée avec un soin délicat, habituée à tous les conforts! Cependant son âme vaillante se plia à tout, sortit victorieuse de toutes les épreuves, de toutes les épouvantes. Elle mena le ménage de sa morne maison avec un soin tendre, une préoccupation constante du bien-être de son mari et de ses nobles compagnons. Avec quel touchant orgueil elle racontait plus tard, rue Sergievskaïa (Pétersbourg), aux amis qui l'entouraient de vénération et d'amour: « C'est que je faisais fort bien le pain, là-bas; du pain très blanc et très tendre, je vous prie de le croire, » ajoutait-elle, tandis que des larmes d'attendrissement montaient aux yeux de ceux qui l'aimaient et qui la pleurent, inconsolables, depuis tant d'années qu'elle dort de son éternel sommeil.

Le lecteur ne nous en voudra pas de traduire ici quelques lignes, par lesquelles la dépeint un des plus héroïques compagnons de son mari, que nous avons déjà nommé à nos lecteurs, Nicolaï Constantinovitch Boschniak, dans son livre: *l'Expédition amourienne.*

Après de luxueux salons, la jeune pensionnaire du couvent de Smolna, ayant tous les moyens et l'entière possibilité de continuer une vie élégante et facile, s'abrita dans une hutte de trois petites chambres que, pendant quelques semaines, elle partagea avec la famille Orloff. La foule sinistre de sales et dégoûtants Guiliaks et Toungousses qui l'entourait, ainsi que les privations et les souffrances qu'elle eut à endurer, ne l'ont ni découragée ni épouvantée. J'avoue franchement et publiquement que son exemple contribua beaucoup à soutenir notre courage à tous et à relever le moral des pauvres femmes des cosaques et des matelots qu'à la suite de leurs maris le sort avait jetées au milieu de circonstances plus que dures. Ayant eu souvent l'occasion de voir Mme Nevelskoy, aucun de nous n'a pu surprendre en elle la moindre défaillance. Bien au contraire, loin de se plaindre, elle semblait porter fièrement le lourd fardeau de la mission que lui avait assignée la Providence. Les soins du ménage et la lecture d'ouvrages utiles et sérieux, apportés par elle à Petrovsk, lui permettaient de braver l'ennui sombre du désert. Dans chacun de ses actes, dans chacune de ses paroles, dans toute son attitude souriante et tranquille, se manifestaient l'inaltérable force de son caractère et l'habitude et l'amour de l'occupation. Elle se passait ainsi, très simplement et sans s'en faire un mérite spécial, de toutes les distractions et des plaisirs que, bien loin d'elle, goûtaient les femmes de son âge et de sa société. En octobre 1851, la maison du gouverneur (1) fut prête : cinq chambrettes

(1) Guennadi Ivanovitch Nevelskoy, excepté le titre de

et une cuisine. Avec les grands froids succédant au court été polaire, la pauvre habitation, construite à la hâte, devint de plus en plus insuffisante. Grelottante dans une atmosphère de 5 degrés au-dessus de zéro, tellement les poêles, faits de terre glaise, chauffaient peu, Mme Nevelskoy passa les premiers hivers presque seule, au milieu d'une population de sauvages, dans le profond silence du désert; car nous étions toujours partis de différents côtés, notre infatigable chef à notre tête. En 1852, le retard des navires nous mit à Petrovsk dans une position désespérée. Les hommes mouraient du scorbut, la famine commençait parmi nous. Malade elle-même, Catherine Ivanovna, stoïque et forte, montra l'exemple d'une abnégation et d'une résignation dont les saintes seules ont le sublime secret. Elle se priva de tout, partageant ce qu'il y avait encore de vivres frais entre les enfants et les malades, consolant les femmes, soutenant le courage des hommes, souriante, sans la moindre plainte, sans le plus léger murmure !

Le plus grand mérite de l'expédition amourienne, sa gloire peut-être la plus pure, était l'esprit de sacrifice, de patience, de stoïcisme fier et de conviction profonde qui l'animait tout entière, depuis son chef jusqu'au dernier manœuvre. Sans ces vertus, elle n'eût jamais pu surmonter les difficultés et les périls sans nombre surgissant sur ses pas. Y a-t-il beaucoup

chef de l'expédition amourienne, reçut aussi celui de gouverneur de toutes les régions où il plantait le drapeau russe.

d'hommes capables de supporter sans faiblir des épreuves aussi dures? Eh bien, une enfant de vingt ans en sortit victorieuse, montrant un grand exemple aux femmes de tout l'univers. Or je constate avec orgueil que si d'autres ont aussi fait preuve d'admirable courage, d'abnégation et de grandeur d'âme, aucune au monde, peut-être, n'a été, comme notre glorieuse héroïne russe, placée dans des circonstances aussi affreuses, jetée au beau milieu d'un désert d'une si désolante, d'une si glaciale tristesse!

Trois ans s'étaient écoulés. Dans ces régions sauvages, la domination russe était un fait accompli, le drapeau national flottait au-dessus des postes et des colonies. Les rapports du chef de l'expédition étaient si convaincants, et les faits parlaient si haut par eux-mêmes, que devant l'évidence éclatante, triomphante, le gouvernement, revenant peu à peu de ses préventions, se montrait plus confiant sur cette importante question amourienne, naguère encore considérée si délicate, si dangereuse, alors que son apôtre était traité de fou et de criminel.

Autorisé par l'empereur, le gouverneur général envoya au chef de l'expédition l'ordre d'occuper l'île Sahaline et d'y arborer officiellement le drapeau de la Russie. Un grand navire de guerre, le *Nicolaï*, embarquant un détachement de descente, commandé par le major Boussé, se dirigea vers Petrovsk, afin d'y prendre le contre-amiral Nevelskoy et de se tenir dès lors à sa disposition.

Celui-ci se fit accompagner par un de ses plus intelligents officiers (intrépides, ils l'étaient tous également), le lieutenant Boschniak, qui connaissait, comme nous l'avons dit, pour l'avoir explorée, la côte sahaline. Ce jeune homme fut le premier Européen qui étudia le littoral nord du golfe Tartare. Il a bien des fois manqué mourir de faim ou périr dans les chasse-neige. Jamais son mâle courage ne l'abandonna ; dévoré par la fièvre et le scorbut, il continuait à servir la patrie sans relâche, incarnation vivante de toutes les vertus héroïques.

Le *Nicolaï* mouilla en face du village Tamar-Aniva, le plus grand de l'île Sahaline. On apercevait du pont l'extraordinaire agitation qui régnait dans la population. Il semblait aussi qu'on y organisait la défense du rivage sur une espèce de batterie rudimentaire ; or c'était un de ces épouvantails puérils dont les Japonais et les Chinois se servaient pour intimider leurs naïfs ennemis. Ce village était le point principal où les aventuriers et les marchands japonais, arrivant de l'île Matzmaï, opéraient leurs transactions commerciales avec les indigènes. Ils avaient dans les environs de Tamar-Aniva des colonies dont les habitants s'occupaient d'agriculture. Les Japonais étant fort nombreux dans ces parages, les Russes devaient agir non seulement avec circonspection et sagesse, mais aussi avec beaucoup de fermeté, afin de leur ôter tout espoir de domination sur le Sahaline. Dorénavant, la Russie allait se réserver le droit de leur délivrer des permis de séjour et de commerce, en exigeant aussi que tous les étrangers apparaissant près de ses côtes s'adressassent aux chefs des ports et des postes qu'on allait y fonder, dans les cas de malentendus et de querelles avec les indigènes, comme aussi pour tous les besoins que nécessiteraient les circonstances.

Le 22 septembre 1853, le *Nicolaï* se rapprocha du rivage et jeta l'ancre. Une chaloupe fut descendue pour l'amiral, le major Boussé et le lieutenant Boschniak. Quelques hommes et un interprète les accompagnaient. Une autre chaloupe, pleine de soldats, les suivant de loin, attendait le signal de l'amiral pour voler à son secours. On voyait distinctement sur la rive trois sentinelles rangées en une ligne devant de grands hangars. A peine la première chaloupe fut-elle à proximité de la plage, qu'une foule d'Aïnes (habitants du Sahaline de race mongole), sous la conduite de quatre Japonais, s'élança de derrière ces bâtiments et se mit à courir vers la mer en criant et en brandissant des sabres. L'amiral fit stopper et donna le signal convenu. L'interprète de l'ennemi cria que les Japonais, secondés par les indigènes, s'opposeraient à l'occupation russe. Guennadi Ivanovitch répondit aussitôt que les Russes venaient s'établir au Sahaline dans le but de protéger les habitants contre les étrangers, sans avoir la moindre intention de les maltraiter ou les piller. Si, après cette déclaration pacifique, les Aïnes ne changeaient pas leur attitude hostile, les Russes avaient tous les moyens de les y contraindre. Cette menace, significativement appuyée qu'elle était par une force armée et les canons du *Nicolaï*, eut l'effet le plus prompt. Les Aïnes se mirent à saluer en agitant dans l'air de petits bâtons en bois de saule, fendus au haut bout en forme d'éventail, signifiant par là leur soumission et leur joie. Puis ils aidèrent leurs nouveaux maîtres à débarquer avec un comique et obséquieux empressement. Quant aux meneurs japonais, ils se répandirent en excuses, assurant que leurs chefs leur avaient enjoint de s'opposer à l'occupation russe, que les explorations des dernières années avaient fait pressentir.

Avec le concours des Aïnes, subjugués et serviables, les soldats posèrent les canons sur des batteries improvisées. Les détachements furent sommés de se découvrir et de s'agenouiller. L'amiral Nevelskoy, tenant la hampe du drapeau national, récita à haute voix le *Pater noster*; intimidés par ce spectacle, si extraordinaire pour eux, Japonais et Aïnes, instinctivement, se découvrirent à leur tour. La prière s'acheva au milieu d'un religieux silence; les hommes se relevèrent, et tandis que les détonations éclataient sur terre et à bord du *Nicolaï*, où les matelots se suspendaient aux cordages avec des hourras, auxquels les soldats répondaient dans une fièvre d'enthousiasme, le drapeau de la patrie s'éleva majestueusement au–dessus de la nouvelle province russe. Le temps, d'une pureté admirable, ajouta par son éclat d'or à la solennité de cet instant historique.

Après la cérémonie, l'amiral, toujours fidèle à son principe de colonisateur intelligent, consistant à ne jamais rien laisser d'inexpliqué, comme aussi de ne pas brusquer les indigènes sans nécessité absolue, mais de tout obtenir d'eux par la modération, la justice et la douceur, fit rassembler sans retards les chefs Aïnes et les Japonais influents. Il fallait conférer avec eux sur le déchargement du *Nicolaï* et l'installation de la garnison ; résoudre ces graves questions sur-le-champ était de rigueur.

Cette conférence eut lieu dans un vaste hangar. Aux fenêtres, des feuilles de papier huilé simulaient des vitres. La moitié de la salle était occupée par une estrade recouverte de paillassons fort propres ; des paravents japonais la divisaient en plusieurs compartiments. Des sabres étaient suspendus aux murs, et en face d'une petite table, devant laquelle trônaient majestueusement trois Japonais, s'élevait une pyramide de fusils à mèche. Le plus vieux des trois Japonais était au milieu et fumait une pipe ; deux sabres étaient suspendus à ses côtés; un jeune homme, debout derrière lui, en tenait gravement un troisième. Les acolytes du chef avaient aussi chacun un sabre. Une cinquantaine d'Aïnes entouraient l'estrade.

A l'entrée, des officiers russes, japonais et aïnes leur firent de profondes révérences. L'amiral se plaça près du vieillard ; MM. Boschniak et Boussé s'installèrent aux côtés de ses deux adjoints, et un grand silence se fit dans le hangar.

Le chef de l'expédition amourienne adressa alors un discours à cette assemblée attentive et vaguement inquiète. Il déclara que, par ordre de Sa Majesté l'Empereur de Russie, il était chargé de fonder des postes et des ports sur l'île de Sahaline, qui dès ce matin faisait partie de l'empire. Le grand Tsar a ordonné à son envoyé de protéger les indigènes contre toute tentative hostile, de leur promettre paix, tranquillité et prospérité sous son sceptre puissant; d'encourager leur commerce avec le Japon, qué Sa Majesté désirait toujours compter pour une puissance amie; d'exiger des Aïnes et des Japonais des rapports empreints de loyauté et de justice; de défendre aux uns d'exploiter malhonnêtement

les autres, à ceux-ci de piller et de tuer ceux-là:
« Continuez, sous notre protection vigilante, votre
travail et vos occupations, termina-t-il; nous ne
toucherons ni à vos usages ni à vos croyances.
Vivez comme vous avez vécu, tranquilles à jamais
sous notre égide. Tout ce que je vous dis là, je
vous le déclare au nom de Sa Majesté l'Empereur, notre gracieux souverain, dont les ordres
sont augustes et sacrés. »

Ce discours produisit dans l'assistance une
agitation manifeste. Les Japonais, d'abord visiblement angoissés, la face éclaircie, remerciaient
avec de grandes révérences obséquieuses. Ils ne
s'attendaient pas à tant de douceur et de modération. Quant aux Aïnes, espérant secrètement
que les Russes leur donneraient carte blanche
pour piller et massacrer les Japonais, ils rem-
plirent le hangar d'une clameur furieuse; leur
attitude devint de plus en plus menaçante, et ils
firent mine de s'élancer sur les nouveaux venus.
Mais l'amiral, tirant un revolver de sa poche, les
yeux étincelants et la voix vibrante et impérieuse,
les fit taire avec tant d'autorité, qu'un silence de
mort s'abattit dans le hangar. Alors l'intrépide
marin déclara nettement que si la moindre sédi-

tion éclatait dorénavant, les meneurs seraient immédiatement pendus et les principaux compromis sévèrement châtiés. Devant cette attitude imposante et ferme, l'agitation tomba. Les Japonais, obséquieusement, demandèrent à l'amiral une déclaration officielle, afin qu'ils pussent l'envoyer au Matzmaï et à Yeddo. Cette réclamation fut satisfaite à l'instant même.

Le poste à Tamar-Aniva reçut le nom de poste Mouravieffsk (chef-major Boussé), en l'honneur du noble et énergique défenseur de la cause amourienne devant le trône et le gouvernement. On fêta son inauguration à bord du *Nicolaï* par un banquet auquel l'amiral eut soin de convier les chefs des Aïnes et Japonais. Les trois toasts : « à l'Empereur de Russie, au Mikado et à l'amitié russo-japonaise », furent salués de plusieurs coups de canon à bord du *Nicolaï* et des batteries de Mouravieffsk. Après le banquet, matelots et soldats enlevèrent en chœur quelques chansons nationales, après quoi des habiles musiciens exécutèrent le *kazattchôk* et autres danses russes. Japonais et Aïnes furent très impressionnés et charmés de l'hospitalité de leurs amphitryons et s'en retournèrent enchantés de tout ce qu'ils avaient vu et entendu, emportant ainsi la plus haute idée de la puissance russe.

Dès le lendemain, l'amiral fit rédiger en russe et en français la déclaration officielle à l'usage des étrangers apparaissant au Sahaline. Elle commençait en ces termes :

D'après le traité de Nertchinsk, conclu en 1689 entre la Russie et la Chine, l'île Sahaline, étant la continuation du bassin du fleuve Amour, appartient incontestablement à la Russie. Sans parler de cet important document historique, prouvant à lui seul les droits de l'empire, d'autres faits les ont aussi appuyés. Des émigrés toungousses, sujets russes, ont occupé la susdite île dès le milieu du xvie siècle. En 1740, des navigateurs russes firent, les premiers, une description de ses côtes. En 1806, deux explorateurs russes, Chvostoff et Davidoff, ont occupé, au nom de l'empereur Alexandre Ier, le rivage du golfe Aniva. Or le territoire de l'île Sahaline fait ainsi, depuis des siècles, partie des États russes, etc.

Pourtant, malgré la soumission apparente des Aïnes, l'amiral Nevelskoy se vit obligé de sévir, bien malgré lui. Dans la nuit du 23 septembre, les Japonais furent inquiétés par les indigènes et s'enfuirent du village, pendant que les meneurs se concertaient sur la manière de les piller plus commodément. Les patrouilles russes avertirent tout de suite l'amiral de ces désordres. Il fit immédiatement cerner le hangar où se trouvaient les rebelles et mettre des sentinelles devant les propriétés japonaises. Au matin, les cinq meneurs aînes furent sévèrement châtiés devant la foule rassemblée à cette occasion, assistant, agenouillée dans un cadre de soldats et de matelots armés, à cette exécution, malheureusement indispensable, mais qui fut aussi la seule qu'on dût accomplir à Tamar-Aniva et au Sahaline.

L'ordre rétabli, l'amiral laissa des instructions précises et détaillées au major Boussé, et le *Nicolaï*, déchargé, fit diriger le navire vers le Nord, le long de la côte, sur laquelle il fonda le poste Iliinsk, et, profitant de ce que le *Nicolaï* devait croiser dans le golfe Tartare, fit une tournée d'inspection et visita tous les postes du littoral sibérien et des bords de l'Amour (Mariinsk, Alexandrovsk et plusieurs autres, dont Nicolaïevsk était le plus ancien.

En s'orientant sur l'île de Sahaline, les Russes se persuadaient de plus en plus du droit réel et moral qu'ils avaient d'y arborer le drapeau de leur patrie.

Le lieutenant Orloff écrivait à ce sujet à l'amiral Nevelskoy :

Les deux peuplades principales s'estiment depuis longtemps *lotcha* russes, sujets de l'empire, disant que les Russes étaient venus au Sahaline bien avant les Japonais. Ces indigènes sont fort hospitaliers, timides, doux et si diligents, qu'il est difficile de trouver un oisif parmi eux. Leurs habitations sont des yourts entourés de poutres formant galeries, recouvertes d'un toit d'écorce. Au milieu du yourt se trouve un poêle ; le sol est recouvert de planches, et les bancs sur lesquels ils dorment sont rangés le long des murs. En été, ils déménagent, s'installant au bord de la mer, pour la pêche, dont ils vendent le produit aux Japonais. Ceux-ci les payent avec du tabac, de l'eau-de-vie et en ustensiles de ménage, mais ils en usent toujours très déloyalement avec ces pauvres gens. Aussi la population les déteste-t-elle et se réjouit de voir les Russes occuper Karafta (comme ils nomment leur île), car, en le faisant, ils y introduisent la justice et le respect de la propriété et du travail. Les coutumes et les croyances des indigènes du Sahaline ne diffèrent pas de celles des Guiliaks des bords de l'Amour. . . . . Nous trouvons ici en abondance du charbon de terre, de la pierre de touche et de l'ocre jaune.

Le premier hivernage au Sahaline fut bien cruel pour les postes Iliinsk et Constantinovsk,

et cela grâce à l'imprévoyance et au mauvais
vouloir du major Boussé, chargé par le chef de
l'expédition amourienne de les ravitailler. Vivant
à Tamar-Aniva dans des circonstances extraordinairement favorables, le chef du poste Mouravieffsk n'avait aucune excuse pour ne pas apporter à cet important service la promptitude et
la conscience nécessaires. Parfaitement inexpéri-
menté, avec une intelligence très ordinaire et un
caractère frivole et léger, cet officier de la garde,
fraîchement débarqué de Pétersbourg, n'avait
aucune idée, même approximative, des parages
où le plaçaient les circonstances. Avec cela arrogant et obstiné, il discutait toujours les ordres
de ses supérieurs et se permettait trop souvent
de les dénaturer. Il est évident que l'amiral ne
l'aurait jamais choisi pour aide et surtout ne lui
eût jamais confié une mission importante, si,
dans un moment de faiblesse, le gouverneur
général, désireux de faire plaisir à quelqu'un en
donnant à ce jeune homme l'occasion de se distinguer, ne l'eût pour ainsi dire imposé au chef
de l'expédition amourienne.

Nous sommes dans une horrible position, écrivait le
lieutenant Boschniack à l'amiral; le scorbut s'est

déclaré parmi nous, et je suis forcé d'en appeler à vous-
même pour nous secourir. Il est fâcheux que le major
Boussé ne puisse voir le résultat de sa négligence. Il
aurait peut-être compris la puérilité de ses excuses,
car vivre dans un grand, populeux et riche village
comme Tamar-Aniva n'est pas vivre dans un désert,
où l'hivernage était préparé pour six personnes, mais
où les circonstances ont forcé à en placer soixante-
quinze!

Le lieutenant Gavriloff, commandant de l'*Irtisch*,
navire devant, ainsi que le *Nicolaï*, hiverner dans
le golfe Impérial, au bord duquel Constantinovsk
rapportait :

D'après notre ordre formel, j'ai instamment prié le
major Boussé de me permettre de débarquer à Mouravieffsk les matelots malades et me donner en échange
quelques hommes bien portants, tout en me fournissant
aussi les choses indispensables pour hiverner dans un
désert. Tout cela lui était facile, vu les circonstances
particulièrement heureuses de son poste. Mais loin
d'acquiescer à ma demande, d'autant plus légitime
que non seulement la situation me l'imposait, mais que
j'agissais conformément aux instructions de Votre
Excellence, le major Boussé me refusa net, ne voulut
pas recevoir mes malades ni me munir de ce que je
sollicitais, et fit partir l'*Irtisch* aussi vite que possible!
Je n'avais ainsi que deux alternatives : ou bien périr

en mer, ou bien courir le risque d'hiverner comme je pouvais. Après bien des épreuves, nous eûmes toutes les difficultés du monde à entrer dans le golfe Impérial, le navire, par cette saison de tempête, ayant reçu des avaries sérieuses. En ce moment, malgré les énergiques efforts du chef du poste Constantinovsk, nous manquons des provisions les plus nécessaires et ne pouvons aucunement adoucir les souffrances de nos pauvres malades. Depuis le 1er novembre, le scorbut s'est attaqué au tiers de l'équipage et nous comptons déjà un mort.

Les rapports du commandant du *Nicolaï*, capitaine de vaisseau Klinkovstrem, étaient plus ou moins dans le même genre. Tous ceux qui malheureusement eurent à dépendre du major Boussé passèrent, par sa faute, par de dures épreuves. Ses lettres et ses rapports peignaient vivement et avec une simplicité navrante les horribles privations que nos glorieux pionniers ont supportées dans ces déserts de glace.

Il va sans dire que l'amiral, regrettant amèrement de compter malgré lui le major Boussé parmi ses subalternes, prit les mesures les plus énergiques pour sauver les malheureux de la famine.

En février 1854, le chef de l'expédition amou-

rienne reçut du général Mouravieff une lettre
extrêmement importante. Nicolaï Nicolaïévitch
lui faisait connaître le résultat de l'expédition
du colonel Achté, envoyé de Pétersbourg pour
explorer les monts Jablonnoï. Les rapports du
colonel Achté se trouvaient conformes aux énergiques assertions du chef de l'expédition amourienne, c'est-à-dire établissaient que le fleuve
Amour et tout son territoire, depuis la rive
nord-est jusqu'aux plages de la mer d'Okhotsk,
devaient appartenir à la Russie, selon la lettre
du traité de Nertchinsk. Le général l'informait
aussi que la guerre venait d'être déclarée à la
Turquie, qu'on s'attendait à une rupture avec
d'autres puissances, et enfin qu'au Trans-Baïkal
un bateau à vapeur, l'*Argonne*, allait être construit *pour desservir le fleuve Amour*. Enfin, le gouverneur général informait Nevelskòy qu'en vue
de la guerre probable avec l'Angleterre et la
France, Sa Majesté l'Empereur était fort satisfaite (1) de ses travaux dans les régions de

(1) On se souvient (première partie) que l'amiral Nevelskoy signalait, dès le début de ses expéditions, les dangers
qui menaçaient les possessions russes à l'extrême orient
de ses États, en cas de guerre avec une puissance maritime
européenne.

l'Amour, de l'affermissement de la domination russe dans le golfe de Castries (1), de l'occupation énergique et définitive de l'embouchure du fleuve Amour et du Sahaline avec son admirable golfe Impérial. Sa Majesté chargeait le gouverneur général d'exprimer à Guennadi Ivanovitch sa vive satisfaction et de le féliciter de sa magnifique activité. L'ordre de Saint-Vladimir, 3e classe, était joint à cette lettre.

Au sein même du gouvernement, et malgré les malveillances et le mauvais vouloir, les résultats des travaux de l'expédition amourienne avaient produit un revirement complet d'opinion. A l'ouverture des hostilités entre les puissances coalisées et la Russie, l'empereur confirma l'ordre d'expédier les troupes commises à la défense du littoral sibérien *par la voie du fleuve Amour*. Le gouverneur général Mouravieff avait plusieurs fois sollicité l'autorisation suprême d'ouvrir la navigation sur ce fleuve, se basant, dans ses rapports, uniquement et exclusivement sur les découvertes et les explorations de l'amiral Nevels-

(1) Découvert par La Pérouse et nommé ainsi en l'honneur du duc de Castries, alors ministre de la marine en France.

koy, qui affirmait positivement que cet acte ne présentait pas le moindre risque de complications diplomatiques avec la Chine ou de conflits avec les sauvages. La rupture avec les puissances européennes hâta la signature du permis impérial qui fut remis au général Mouravieff lui-même, Nicolaï Nicolaïévitch s'étant rendu à Pétersbourg afin de l'obtenir avant la déclaration formelle de la guerre.

C'est ainsi que put être opéré le transfert des troupes, des canons et des munitions viâ Amour, d'abord, par mer ensuite pour ceux des détache-ments qui devaient se rendre de Petropavlovsk au Kamtchatka. Ainsi, l'importance de l'occupa-tion de l'embouchure du fleuve Amour et des différents points de la côte et de l'île Sahaline éclatait triomphante. Car il est évident qu'en-voyer les troupes par terre eût été impossible, les énormes distances (des milliers de verstes), l'absence totale de routes, les marais et les grandes montagnes entravant leur marche et les mettant dans des positions désespérées ; et cela sans compter les semaines et les *mois* que pren-drait le voyage, et les maladies et les désertions qui pourraient s'ajouter à toutes les innombrables et insurmontables difficultés de cette marche.

Après que l'autorisation impériale de navigation sur le fleuve Amour eût été remise au gouverneur général de la Sibérie orientale, le ministère des affaires étrangères avertit la Chine officiellement que, se basant sur la lettre du traité de Nertchinsk, l'empire russe s'appropriait le fleuve Amour, le territoire s'étendant du nord-est à la mer, ainsi que l'île Sahaline, continuation du bassin de la susdite rivière; il engageait en même temps le gouvernement chinois à nommer des délégués, afin de fixer définitivement les frontières des deux États, ajoutant que le gouverneur général Mouravieff était autorisé à entrer en pourparlers avec eux sur toutes les questions limitrophes. Ainsi, grâce aux travaux de l'expédition amourienne et à la géniale initiative, à l'énergie inébranlable et aux découvertes de son chef, allait enfin se résoudre le problème séculaire de la question amourienne.

Il fut décidé en haut lieu que le gouverneur général de la Sibérie orientale, pour donner plus d'éclat et de signification à cet événement mémorable, inaugurerait en personne la navigation sur le fleuve Amour. Un fonctionnaire au ministère des affaires étrangères, M. Sverbéieff, fut délégué pour accompagner le général Mouravieff en qualité d'agent diplomatique.

Le 14 mai 1854, après un *Te Deum* chanté devant l'icône de Notre–Dame d'Albasine, que jadis le boyard Golovine avait enlevée à ce fort, après la signature du traité de Nertchinsk, qui le vouait aux flammes, Nicolaï Nicolaïévitch Mouravieff monta sur le pont du bateau à vapeur l'*Argoune*, entouré de son état–major, au milieu du retentissement solennel des canons et les hourras délirants de la foule, accourue de toutes parts. Suivi de soixante–quinze barques pleines de soldats, l'*Argoune* s'ébranla lentement et descendit la rivière Schilka (1) jusqu'à sa jonction, plus bas, avec l'Amour.

L'enthousiasme était à son comble, écrit M. Sverbéieff; les habitants des usines au bord de la Schilka et ceux qui étaient accourus des villages environnants jetaient leurs chapeaux en l'air, criaient et pleuraient de joie. Les hourras délirants couvraient même le grondement des canons. Tous comprenaient l'im-

(1) Le fleuve Amour proprement dit commence à la jonction de l'Argoune et de la Schilka.

mense gravité de ce moment historique et l'importance capitale pour la Sibérie orientale de la navigation maintenant ouverte sur l'Amour.

Le 18 mai, à deux heures et demie de l'après-midi,
notre flottille entra dans les eaux de ce fleuve. La musique militaire entonna l'hymne national. Tous se
découvrirent; on se signa pieusement. Alors le gouverneur général, se baissant jusqu'au ras de la royale
rivière, remplit un verre de son eau pure et le vida en
félicitant ses compagnons d'une voix émue. Un hourra
aussi spontané qu'unanime lui répondit, en réveillant
les échos des rives. C'est ainsi qu'après deux siècles,
des embarcations russes se montrèrent de nouveau
sur les flots bleus de l'Amour.

On s'arrêta devant le mamelon, couronné jadis
par le fort Albasine. Toutes les têtes se découvrirent. La musique jouait l'hymne solennel :
« Aucune parole n'exprimera la gloire du
Seigneur en Sion », etc., pendant que le bateau
et les chaloupes abordaient à cet endroit, sanc-
tifié par la tradition et le souvenir. Le gouverneur
général et sa suite descendirent à terre. Le prêtre
qui accompagnait la flottille dit alors la prière
des morts pour le repos de l'âme des braves qui
avaient péri en défendant le drapeau national.
On l'écouta dans un profond recueillement;

chacun éprouvait en ce lieu, arrosé du sang de ses frères, cet attendrissement respectueux qu'on ressent près du tombeau d'un héros de la patrie. Un *Te Deum* d'actions de grâces suivit, et tout à coup, après le dernier *amen*, le *Bojé Tzaria chrani!* éclata triomphalement, célébrant, par ce chant d'enthousiasme et de joie, tandis que les hourras se mêlaient à ses larges ondes harmonieuses, la conquête définitive du vaste territoire rendu enfin à la patrie.

Le 14 juillet 1854, le gouverneur général arriva au poste Mariinsk, où il fut rencontré par le chef de l'expédition amourienne. Tout ému, le général Mouravieff le serra sur sa poitrine, le félicitant, le bénissant pour son noble patriotisme et ces travaux surhumains qui, pendant ces années de privation et de souffrance, étaient son labeur quotidien et dont le résultat se manifestait magnifiquement à cette heure inoubliable !

« L'empereur me charge de vous transmettre, disait-il encore, que Sa Majesté est on ne peut plus contente de vous, qu'Elle vous félicite et Vous remercie au nom de la Russie tout entière. »

En recevant ce message impérial, au bord même de ces eaux, naguère encore si ardemment convoitées pour la patrie, dont à présent le drapeau flottait fièrement au-dessus des rives reconquises à jamais, deux larmes brillantes jaillirent des yeux sombres du modeste héros et roulèrent lentement sur ses lèvres qui trem-blaient.

« Jusqu'au poste que, d'après votre prière, j'ai placé à la jonction des rivières Oussouri et Houn-gari, c'est-à-dire à cinq cents verstes de Mariinsk, racontait le général Mouravieff, nous trouvions les villages indigènes tous vides, les habitants ayant fui à l'approche de notre flottille. Mais depuis là, il nous sembla tout de suite mettre le pied dans une contrée appartenant à la Russie. Des députations de Holdes, avec des vieillards ressemblant à des starosts à leur tête, nous ren-contraient à chaque abordage. Ils nous four-nissaient le poisson en abondance et nous donnaient les pilotes qui nous avaient tant manqué jusque-là ! Dans un des villages, un marchand mandchou se jeta à mes pieds en im-plorant mon pardon. Il faisait, avouait-il, son commerce clandestinement, sans avoir préala-blement demandé un permis au chef du poste russe le plus voisin ; il me suppliait de lui délivrer l'autorisation rigoureusement exigée par « l'envoyé du Tsar russe ». Tous ces faits nous remplissaient d'étonnement et d'admiration devant l'immense influence que les membres de l'expédition amourienne avaient su, en ces quelques années, acquérir sur l'énorme étendue de ce territoire, influence qui s'était répandue sur les Mandchous eux-mêmes! Et notre étonnement et notre admiration devenaient de plus en plus vifs en pensant aux moyens ridiculement restreints et au personnel limité dont le chef de l'expédition pouvait disposer. Nous comprîmes en même temps toute la fausseté de l'opinion à Pétersbourg, et nous nous persuadâmes encore une fois du ridicule des ordres inouïs qu'on donnait de là-bas, bornant les actes de cette expédition héroïque à une fantastique « terre des Guiliaks ». Encore et encore a magnifiquement éclaté la vérité et l'importance de vos rapports, c'est-à-dire que ce vaste territoire, avec ses fleuves et ses mers, doit, par la force des choses, appartenir à la Russie et non à la Chine, comme en avait si envie le comte Nesselrode. »

Après deux jours de repos, les troupes arrivées avec le général Mouravieff furent expédiées pour fortifier Petropavlovsk, Nicolaïevsk et les postes du littoral sibérien, en vue de la guerre qui venait d'éclater entre la Russie et les puissances coalisées de l'Europe. Mariinsk sur l'Amour ayant été reconnu d'une grande importance, neuf cents hommes y restèrent par ordre du général Mouravieff.

Les détachements expédiés à Petropavlovsk avec des munitions et des armes y arrivèrent bien à propos. Sachant ce port parfaitement livré à lui-même et ne s'attendant nullement à ce que des secours pussent lui être donnés aussitôt, l'escadre ennemie l'attaqua, persuadée de le détruire après quelques jours de bombardement. Il n'en fut rien cependant. Le secours arriva, tout aussi inattendu des assiégés que des assiégeants. L'ennemi, repoussé, se retira. Cette nouvelle fut reçue à Nicolaïevsk, où en ce moment se trouvait l'amiral Nevelskoy, avec une très grande joie. Ainsi se réalisaient de nouveau les prévisions du génial instigateur. Un *Te Deum* d'actions de grâces y fut dit, et dès le même jour on commença la construction d'un nouveau navire pour le service du fleuve Amour, la goélette le *Liman*, appointée au transport de l'artillerie.

18.

Pourtant, malgré la victoire, il était imprudent de laisser courir le risque d'une seconde attaque à Petropavlovsk, si isolé, si séparé du reste des stations militaires. On résolut donc de transférer dans le liman du fleuve Amour les navires, les compagnies et le personnel administratif qui s'y trouvaient.

Il me semble que si la guerre se prolongeait, écrivait l'amiral à Nicolaï Nicolaïévitch Mouravieff, parti pour une inspection des ports et des postes du littoral, la prompte concentration de tous les vaisseaux russes qui croisent dans la mer du Japon et dans les environs du Kamtchatka devient d'une rigoureuse nécessité. L'ennemi, quels que soient son nombre et sa force, ne nous fera, dans ce cas, aucun mal, ne pouvant rien sur nous du côté de la mer. Les grands brisants et les immenses bas-fonds du liman, l'ignorance dans laquelle il se trouve des conditions de ces mers inconnues et dangereuses, l'énorme distance qui le séparera des ports ou des contrées civilisées, le littoral désert, formant comme une forteresse naturelle avec ses rochers, ses forêts vierges, son absence de routes praticables, tous ces innombrables obstacles entraveront absolument ses manœuvres.

Pour ce qui est de l'apparition d'une escadre ennemie près des rives du golfe Tartare et leur blocus, cette éventualité-là nous sera non pas un danger, mais une

victoire, et cela parce que des hostilités dans ces
parages seront *de facto la déclaration, par les étrangers
eux-mêmes, des droits de la Russie sur les régions
de l'Amour*. Après ce blocus il n'y aura plus jamais
aucune possibilité de les nier!

Les actes de l'ennemi donnant pleinement raison aux représentations de l'amiral, son avis fut
accepté, et, au printemps 1855, l'escadre russe,
après une série de manœuvres habiles, entrait
dans l'embouchure de la gigantesque rivière,
sans que l'ennemi en eût le moindre soupçon.
Ainsi, en juillet, tous les navires russes qui se
trouvaient jusque-là sur le Pacifique, ainsi que
les troupes venues de Petropavlovsk s'étaient
concentrés à Nicolaïevsk et à Mariinsk (situé au
delà du lac Kizi, sur l'Amour).

Voici les noms des vaisseaux qui hivernèrent
sur l'Amour: la frégate l'*Aurore* (44 canons), la
corvette l'*Olivoutza* (16 canons); la goélette
la *Vostok* (1) (6 canons); les transports la *Dwina*,
l'*Irtisch*, le *Baïkal*; la goélette *Héda*; le tender
le *Kamtchadal* (2) et le bateau à vapeur l'*Argonne*.

Depuis l'automne 1854, Mme Nevelskoy et les

(1) Orient.
(2) Habitant du Kamtchatka.

exilés de Petrovsk avaient déménagé à Mariinsk, où la vie leur sembla bien plus douce que sur cette langue de terre déserte, qui, avec l'élévation d'autres postes et surtout l'affermissement de la puissance russe à Nicolaïevsk et sur l'Amour, avait perdu sa signification, d'autant plus que l'amiral Nevelskoy, dès le début, n'avait choisi ce point que pour un rôle provisoire.

En 1855, la grande affluence d'un élément jeune et gai que les événements politiques avaient jeté au milieu de ces déserts anima l'existence monotone des nobles dames de l'expédition (Mmes Nevelskoy, Batchmanoff et Véniaminoff, la jeune femme de l'aumônier). L'hiver, le dernier qu'elles passèrent dans ces tristes parages, s'écoula bruyant et animé. Les soldats et les matelots eurent leur large part de travail sain et fortifiant et de distractions nationales : montagnes de glace, courses en traîneaux, chasses et autres plaisirs de ce genre.

Comme l'avait prévu l'amiral Nevelskoy, l'escadre ennemie croisa dans le golfe Tartare et bloqua le littoral de la mer d'Ockotsk. Voici le fait qui amena cette dernière manœuvre. Un navire de la Compagnie russo-américaine,

remarqué par des croiseurs anglais, fut poursuivi par une frégate. Le petit vaisseau s'échappa
en traversant la rade nord du liman, mais, en
dépassant la barre du chenal, il fut brusquement
arrêté par un calme plat. L'ennemi, qui l'avait
suivi, fit descendre quelques chaloupes. Alors le
commandant du navire russe et le lieutenant
d'infanterie Voronine qui se trouvait à son bord,
n'ayant plus aucun autre moyen de le défendre,
y mirent le feu et, se jetant à leur tour dans des
chaloupes avec tout l'équipage, parvinrent à
gagner le cap Pouïr, sous une grêle de balles, il
est vrai, mais sans en avoir heureusement souffert. L'honneur était sauf: le vaisseau n'était pas
tombé entre les mains des ennemis.

Cette escarmouche sembla prouver aux Anglais
que l'entrée du liman n'était accessible que du
côté du nord, et c'est là qu'ils redoublèrent de
vigilance. L'escadre anglo-française, commandée
par l'amiral Elliot, croisa pendant tout l'été dans
la partie méridionale du golfe Tartare. Deux
navires anglais, en faisant des reconnaissances
dans le golfe de Castries, découvrirent l'existence
de quelques postes russes; on s'empressa d'en
avertir l'amiral. Ne voyant aucune trace de vais-

seaux russes, ne connaissant pas encore les importantes découvertes de l'amiral Nevelskoy, mais croyant, comme tout le monde à cette époque, que le Sahaline était une péninsule, et qu'à cause de cela il n'y avait pas moyen d'entrer dans le liman du côté du sud, l'amiral Elliot conclut que notre escadre s'abritait dans quelque crique du littoral de la mer d'Okhotsk. Il passa plusieurs mois à la bloquer et à chercher vainement nos vaisseaux, qui depuis quelque temps déjà étaient réunis sur le fleuve Amour. Au mois d'octobre, l'amiral Elliot entra dans le golfe de Castries avec trois grands bâtiments. Les Anglais aperçurent sur le rivage un détachement russe. L'amiral fit opérer une descente; mais elle fut repoussée par les soixante-dix cosaques sous les ordres du capitaine Kouzmenko et du lieutenant de marine Eltchaninoff (frère de Mme Nevelskoy). Alors l'amiral Elliot, plus convaincu encore que les navires russes s'y réfugieraient pour l'hiver, trouva nécessaire de bloquer le golfe de Castries et de bombarder le littoral, ce qui endommagea les forêts riveraines, mais ne fit aucun mal aux postes et aux détachements du colonel Nazimoff, envoyés de Mariinsk pour la défense du rivage. A la clôture de la navigation, l'ennemi se retira et les cosaques revinrent à Mariinsk, à travers les glaces du lac Kizi.

L'ennemi, en cherchant vainement l'escadre russe, ne découvrit même pas le golfe Impérial (au Sahaline), cette baie admirable étant tellement masquée par les sinuosités de la côte qu'il fallait très bien connaître la topographie des lieux pour pouvoir la trouver entre ces dédales.

Après la signature de la paix finit à l'extrême orient de la Russie le rôle de l'intrépide instigateur de la question amourienne et s'achevèrent les travaux de la glorieuse expédition dont il a été l'âme et le chef. Qu'on nous permette de transcrire ici un fragment d'article paru quinze ans plus tard dans une revue russe et qui résume admirablement les exploits des inoubliables héros de notre Nord :

Grâce à la force morale, à l'énergie héroïque et à la volonté de fer du chef de l'expédition amourienne, une poignée d'hommes, jetée dès 1850 sur une déserte langue de terre, Petrowsk, point assigné par le gouvernement pour y entrer en rapports commerciaux avec les Guiliaks, est parvenue, en moins de quatre ans

et malgré tous les obstacles, à explorer et à décrire
l'immense territoire des régions de l'Amour et à y
asseoir et consolider la puissance russe, étendant son
influence morale sur les Mandchous eux-mêmes. Ils
découvrirent sur l'île de Sahaline le golfe Impérial, le
port le plus idéal qu'on puisse posséder. Ils occupèrent
le golfe de Castries, si proche du liman de l'Amour,
et le lac Kizi, stations commodes pour les navires. Ils
soulevèrent la question oiseuse des frontières, et en
faisant une étude sérieuse du territ_ire, explorant et dé-
crivant la direction des monts Hingana et des rivières,
prouvèrent par toute une série de titaniques efforts les
droits incontestables de la Russie sur les bassins des
fleuves Amour et Oussouri. Ils occupèrent l'île de
Sahaline, dont les premiers ils signalèrent à l'État les
inépuisables richesses en charbon de terre.

Les exilés volontaires, tous bien nés, civilisés, profondément instruits, ne perdaient pas courage, ne
succombaient pas au désespoir, mais, animés de patriotisme et de foi dans leur mission, surent vaincre tous
les obstacles et traverser victorieusement toutes les
épreuves. Dirigés par leur noble chef, entraînés par
l'exemple de son héroïque compagne, agissant tous et
toujours en dehors des *instructions du gouvernement,
sous la constante menace d'une responsabilité terrible,*
ces hommes, qui ne craignaient ni le couteau du sauvage, ni la famine, ni le froid polaire, poursuivaient
modestement leur œuvre immense, et, pierre à pierre,
leur chef intrépide posait la base des grands évé-

nements qui se passèrent à l'extrême orient de notre patrie.

Si des œuvres de ce genre eussent été accomplies par des étrangers, nous nous serions empressés d'apprendre leurs noms par cœur, afin de ne pas passer pour des barbares devant l'Europe, qui, elle, est passablement ignorante de *nos* grands hommes. Tout l'univers les eût acclamés avec étonnement et admiration, ainsi qu'on est habitué à le faire pour les noms des Ross, des Parry et des Franklin. *Mais nous, à notre honte, nous ne connaissons presque pas les noms des héros auxquels la Russie doit sa domination sur l'île de Sahaline, les régions de l'Amour et le littoral sibérien de l'océan Pacifique!*

La patrie doit une vénération particulière aux femmes vaillantes qui volontairement se sont exilées dans ces déserts glacés, partageant avec leurs maris toutes les épreuves de ce sombre séjour et soutenant leur courage par leur attitude héroïque et leur angélique patience. Les noms de Mᵐᵉˢ Nevelskoy, Batchmanoff et Orloff, *surtout celui de la première,* tiennent une place marquante et un rôle incontestable dans la grande épopée de l'annexion amourienne.

Les pourparlers diplomatiques avec la Chine furent confiés par le gouvernement russe à l'amiral comte Poutiatine, nommé envoyé extraordinaire et plénipotentiaire auprès de l'empereur de la Chine. Quiconque, connaissant la diplomatie des aimables « Célestes », lente, circonspecte, chicanière, peut aisément se figurer combien de temps durèrent ces négociations avant que le gouvernement chinois se décidât enfin à nommer de son côté un ambassadeur extraordinaire et l'envoyer à Aïgounne, pour s'y aboucher avec le gouverneur général de la Sibérie orientale et fixer ensemble les clauses du traité qu'on élaborait de part et d'autre.

Pendant les pourparlers de Pékin, on ne perdait pas le temps sur l'Amour. Des postes et des villages nouveaux surgissaient rapidement sur ses rives et des caravanes de colons y accouraient de leur propre gré, tandis que les troupes envoyées par le gouvernement organisaient dans les nouvelles possessions russes une puissante force défensive. Aux timides injonctions des Mandchous et des fonctionnaires des villes chinoises limitrophes, l'administration russe répondait avec hauteur qu'elle agissait en vertu des instructions formelles de son gouvernement. L'amiral Nevelskoy écrit à ce propos dans ses *Mémoires* :

Étrange volte-face de notre diplomatie ! Dans ses négociations avec la Chine, elle s'appuyait justement sur les actes qu'elle qualifiait naguère d'audacieux et de criminels, menaçant de me faire casser en grade pour crime de lèse-majesté.

Or la Chine, voyant le progrès de la domination russe et la ferme intention du gouvernement impérial à la consolider définitivement dans les régions de l'Amour, n'osa point y opposer une résistance sérieuse ; ensuite de quoi les mandarins du ministère des affaires étrangères communiquèrent à l'envoyé de S. M. l'Empereur Alexandre II, « qu'à cause de quelques malentendus, le gouvernement chinois n'avait pas l'intention de briser les rapports amicaux existant entre les deux empires depuis des siècles ».

Quand cette déclaration fut officiellement connue en Russie, le général Mouravieff, accompagné de M. Perovsky (frère du ministre de l'intérieur), se rendit à Aïgounne pour s'y rencontrer avec le prince I-Schan, parent de l'empereur de la Chine et son envoyé extraordinaire. Les pourparlers qui suivirent furent une de ces comédies à longue haleine où les diplomates chinois sont passés maîtres. Enfin, après beaucoup de temps perdu, d'impatiences dévorées, de retraites simulées, de menaces sans conviction et autres simagrées orientales qui exaspéraient l'énergique et bouillant général Mouravieff, on finit par s'entendre, et, le 12 mai 1858, MM. Perovsky et Schischmareff présentèrent au prince I-Schan un projet de traité que le gouverneur général avait rédigé au nom du gouvernement russe. Mais les Chinois ne purent s'empêcher de terminer les négociations par une dernière comédie. Les chicanes à propos de mots recommencèrent tellement que les pourparlers menacèrent de s'envenimer sérieusement. Il a fallu toute l'énergie, toute la ténacité, tout le patriotisme du général Mouravieff pour continuer à tenir bon et refuser à la Chine la moindre concession préjudiciable à la Russie. Il se vit même forcé de dépasser les instructions du ministre des affaires étrangères et de menacer les ambassadeurs chinois d'un ultimatum qui leur serait plus que désagréable. La force de volonté qu'il déploya eut enfin raison de la chicane chinoise, et, le 16 mai 1858, fut signé à Aïgounne le mémorable traité qui consolida à jamais la domination de la Russie sur les régions de l'Amour.

VI

Le 16 mai 1858, une heure après la signature
du traité d'Aïgounne, résultat direct et éclatant
de son initiative de génie, de ses découvertes et
des titaniques travaux de l'expédition amourienne, Nicolas Nicolaïévitch Mouravieff écrivait
à Nevelskoy :

Mon bien-aimé Guennadi Ivanovitch,

Aujourd'hui a été signé à Aïgounne le traité con-
firmant la domination russe sur les régions de l'Amour.
Je m'empresse de vous annoncer le premier cet
événement mémorable! La patrie ne vous oubliera
jamais, vous, *le principal acteur de cette annexion*,
vous qui avez posé la base de l'édifice sur lequel,
aujourd'hui, nous avons mis la dernière pierre! Je
baise les mains de Catherine Ivanovna, qui a partagé
avec vous et vos intrépides compagnons les terribles
dangers et les affreuses privations de votre œuvre,
aussi difficile que glorieuse, et, par son admirable

19.

attitude, soutenu votre noble courage. Je vous serre sur ma poitrine ; je vous remercie du fond de l'âme et vous félicite...

Le 17 mai, le général Mouravieff revint à Blagovestchensk (1), ville qu'il avait fondée près de l'embouchure de la rivière Zéa. L'archevêque, Mgr Innocent (2), officia en grande pompe et dit la messe et le *Te Deum* d'actions de grâces dans la petite église provisoire, la cathédrale étant encore à peine commencée. L'ordre du jour du gouverneur général lu à la parade qui suivit l'office divin est d'un laconisme plein de grandeur : « Camarades ! je vous félicite ; nous n'avons pas travaillé en vain ; le fleuve Amour appartient dorénavant à la Russie. La sainte Église orthodoxe prie pour vous et vous bénit ; la Russie tout entière vous remercie ! Vive l'empereur Alexandre II ! et que prospère sous son égide notre nouvelle province ! »

Le 20 mai, l'original du traité d'Aïgounne fut expédié à S. M. l'Empereur par un courrier

(1) *Blago*, bonne ; *viest*, nouvelle ; Blagovèst-chénié, fête de l'Annonciation. La ville avait donc pris le nom de la fête.

(2) Plus tard métropolite de Moscou.

spécial (1). Ainsi, le premier écho de la ville naissante était une « bonne nouvelle » ne démentant pas le nom qu'elle avait pris.

Pendant ce temps, l'ambassadeur extraordinaire, amiral comte Poutiatine, réglait à Pékin les relations futures entre la Russie et la Chine et déclarait aux représentants des puissances européennes l'annexion définitive des régions de l'Amour à la Couronne impériale de la Russie.

Après la ratification du traité d'Aïgounne, le général Mouravieff reçut le titre de comte Amoursky.

Nevelskoy, dès son retour de Sibérie, fut méconnu. Les années s'écoulèrent sans qu'une voix s'élevât jamais pour protester contre tant d'injustice et d'ingratitude; puis la routine fit le reste. Parfois, quelque grand personnage, quelque général, quelque fonctionnaire, quelque gentilhomme campagnard disait : « Il me semble pourtant avoir entendu qu'il a fait quelque chose de remarquable, dans le temps, cet amiral. Mais, au fond, qu'était-ce? Le savez-vous, cher? » Et

(1) M. de Bützow, actuellement ministre de Russie en Perse.

l'interlocuteur se montrait tout aussi ignorant.

Il est incontestable que si l'empereur Nicolas Ier eût vécu, l'amiral Nevelskoy, à l'époque de son retour, aurait été récompensé avec tout l'éclat que méritaient les immenses services qu'il a rendus à la patrie. Mais l'empereur Alexandre II ne connaissait que fort peu l'intrépide apôtre de la question amourienne. Nous n'osons l'affirmer, mais nous avons tout le droit de soupçonner que des influences malignes s'étaient mises entre les appréciations du souverain et la personne de l'amiral. Ceux qui l'ont persécuté en 1850 vivaient encore en 1856, tandis que des malveillances et des inimitiés nouvelles venaient se joindre aux précédentes. Entier et loyal, avec son caractère tout d'une pièce, abhorrant la flatterie, l'amiral donnait souvent prise à la haine. Le héros de l'annexion amourienne osait dire la vérité à tous, sans se soucier ni du rang ni de la position. Or, tout le monde le sait, ces blessures-là ne se ferment jamais et les rancunes qu'elles suscitent ne s'apaisent pas devant la mort elle-même.

Pourtant, croyons-nous, les inimitiés et les malveillances seules n'eussent pas suffi pour cacher à ce point aux yeux de la patrie les mérites de cet homme extraordinaire; on peut dénaturer les faits pour un temps, les effacer est impossible. Malheureusement pour l'amiral Nevelskoy, à l'heure où il aurait pu recueillir la récompense de tous ses sacrifices dans la vénération et la reconnaissance de ses concitoyens, la Russie traversait une crise d'une immense signification politique; c'était à la fois l'écroulement d'une époque et l'aurore d'une ère nouvelle. La guerre de Crimée venait de finir. La Russie saignait de toutes ses blessures. Les grandes réformes du règne d'Alexandre II se préparaient. Trop d'intérêts, de douleurs et d'espérances occupaient et bouleversaient la société; un drame si poignant venait de se dérouler à l'ouest de la patrie, qu'elle ne prêta d'abord qu'une attention superficielle et distraite aux graves événements qui s'étaient passés en Sibérie. Aussi les noms des héros qui y jouèrent un si sublime rôle, à part celui du général Mouravieff que sa haute position mettait en vue, s'oubliaient, hélas! presque avant d'avoir retenti.

Le grand patriote fut donc voué à l'obscurité.

Fiers tous les deux, l'amiral et Mme Nevelskoy se tinrent à l'écart. Méconnus et oubliés, ils mirent leur orgueil à ne jamais rien devoir ni à la Cour ni à l'administration. Hautains et entiers, ces deux nobles cœurs, préférant la fière obscurité de leur existence, ne daignèrent pas même essayer d'en sortir. Ils ne se plaignaient jamais de l'injustice qui les frappait ; ils la remarquaient à peine. L'amiral s'ensevelit dans ses livres, dans ses soucis de propriétaire, dans son activité de président de la Société de la navigation et du commerce (1), dans la rédaction de ses *Mémoires* (2), qu'avec sa modestie ordinaire il intitula *les Exploits de quelques officiers de la marine à l'extrême orient de la Russie!* Mme Nevelskoy se cloîtra dans sa maison, dans les austères devoirs de la famille et l'éducation de ses enfants. Ils faisaient l'un et l'autre beaucoup de bien, payant de leur personne, quand leurs moyens ne leur permettaient pas de trop grandes dépenses. L'amiral, terreur et bête noire des *tchinovniki*

---

(1) L'amiral fut élu à l'unanimité, sans jamais avoir posé sa candidature, sans même être membre de cette Société.

(2) Mme Nevelskoy les édita, après la mort de son mari, sous le titre de *Mémoires posthumes de l'amiral Nevelskoy.* L'édition en est épuisée.

(fonctionnaires, bureaucrates), a par sa ténacité obtenu des bourses et des pensions pour ses protégés, quand même il semblait qu'il tentait l'impossible. Aussi, à la mort des deux héros, que de larmes ont été versées par mainte veuve, maint orphelin. Personne, excepté leurs enfants, ne se doutait de la quantité de misères qu'ils ont soulagées; chez eux, la main gauche ne savait pas ce que faisait la main droite.

L'amiral Nevelskoy mourut à la veille de la guerre de 1877, le 17/29 avril 1876, la prévoyant, l'âme attristée, car il la croyait intempestive. Ce grand citoyen, patriote russe jusqu'au fond de son être, avait, certes, pour son pays les ambitions les plus larges et fixait dans sa pensée l'idée traditionnelle imposée à la Russie par la force des choses et son évolution historique. Mais sa vaste intelligence et son génie politique s'opposaient austèrement à toute hâte, à toute imprévoyance pouvant compromettre les aspirations russes et reculer ainsi leur accomplissement à un temps indéfini. Il croyait qu'il était non seulement inutile, mais criminel, de faire sans résultat sérieux des sacrifices de sang et d'or. Généreux, miséricordieux, d'une bonté angélique dans la vie privée, l'amiral Nevelskoy avait pour son pays le noble et ferme égoïsme d'un citoyen romain : il était prêt à sacrifier sa vie et celle de ses frères, celle de ses propres enfants s'il l'eût fallu, pour un but précis, une glorieuse conquête, un résultat utile et pratique; mais il blâmait amèrement une politique de chimères et de sentimentalités. Les griseries et les erreurs qui amenèrent cette guerre de 1877 qui eut, hélas! de si minces résultats pour nous, malgré les prodiges de valeur et les hécatombes sanglantes; le blessaient dans son austérité de patriote sérieux et clairvoyant. Pourtant, il est hors de doute que si la mort n'eût terrassé cet homme héroïque, la patrie l'eût encore vu la servir sur les rives du Danube avec le noble dévouement dont était pleine son âme de bronze et de feu. Car, si sa haute raison trouvait cette guerre inopportune, son cœur l'eût, certes, entraîné à combattre avec les frères qui versaient leur sang là-bas, autour du drapeau glorieux que tant de fois, jadis, il avait planté lui-même dans les contrées lointaines dont son énergie et son civisme avaient paré l'impérial diadème de sa patrie. — Mais le sort en décida autrement:

Dieu lui épargna les déchirements qui eussent fait saigner son cœur russe.

Il ne pleura pas sur les désillusions qui suivirent cette guerre, il ne vit pas, frémissant d'indignation et de douleur, la Russie, victorieuse, insultée sur l'humiliante sellette du Congrès de Berlin, d'odieuse et navrante mémoire!

L'amiral Nevelskoy mourut donc le 17/29 avril 1876 (1), d'une maladie de cœur.

Les trois derniers mois de sa vie n'ont été qu'une longue et cruelle agonie, et la mort lui fut une délivrance.

Ceux qui l'ont contemplé dans son cercueil n'oublieront jamais l'auguste calme de son visage, autour duquel ses blancs cheveux mettaient une auréole argentée; il rayonnait d'une paix divine, et la mort, respectueusement, sem-

(1) Quelques années avant sa mort, la voix vibrante du vieux patriote résonna encore une fois dans la société russe. Il est impossible encore de raconter ici cette seconde lutte, aussi sublime que la première, et qui, cette fois, lui coûta la vie, car il en contracta une maladie de cœur. Nous pouvons dire seulement que la jeunesse russe a dès lors contracté une dette envers ce grand homme, qu'elle ne peut lui payer qu'en vénérant sa mémoire à l'égale de celle d'un bienfaiteur inoubliable.

blait avoir arrêté sa main destructrice, pour laisser à ceux qui le pleuraient l'image inoubliable du juste enlevé à leur vénération et à leur amour.

Moins de trois ans après, le 8/20 mars 1879, Mme Nevelskoy fut emportée en quelques jours, par une inflammation au foie, âgée à peine de quarante-six ans.

La vérité, tôt ou tard, est victorieuse, la logique de la vie le veut ainsi. En 1891, une statue colossale du général aide de camp comte Mouravieff-Amoursky a été inaugurée à Chabarovka, chef-lieu du gouvernement général des régions de l'Amour. Une autre, consacrée à la mémoire de l'amiral Nevelskoy, s'élève à Vladivostok, sur les plages mêmes que son génie et son patriotisme ont su conquérir à la patrie. La première pierre en a été posée, également en 1891, par S. A. I. le grand-duc tsaréwitch. C'est une pyramide en granit rouge, de 12 mètres de hauteur, couronnée de l'aigle impériale. Dans la niche, le buste en bronze de l'amiral fixe la mer; au-dessous sont gravées les fières paroles de Nicolas Ier : « Partout où le drapeau russe a été hissé, il ne peut plus jamais être descendu. » Du côté opposé se profile un bas-relief représentant le *Baïkal,* tandis que sur le piédestal sont inscrits en lettres d'or les noms des héroïques compagnons de l'instigateur, entre lesquels se trouve aussi celui de Catherine Nevelskoy.

De tout mon cœur, je vénère et j'admire la glorieuse mémoire du comte Mouravieff-Amoursky, si généreux, si noble, si grand; mais, encore une fois, on n'efface pas les faits. Quelle qu'elle soit, sa part est bien belle dans l'épopée gigantesque de l'annexion amourienne; son rôle y est, certes, celui d'un sublime patriote, son caractère d'une élévation rare, son intelligence, une des plus larges de son temps. C'est une fière et civique silhouette de notre histoire; il a été le soutien d'un grand homme et l'avocat d'une grande cause; il y a travaillé sans relâche et avec une énergie admirable; il en a été, certes, l'instigateur apparent et officiel. Mais, en l'acclamant et en nous inclinant avec respect devant son noble souvenir, il nous est impossible de lui accorder ce qui ne lui appartient pas. *La pensée première, l'initiative réelle* de cette œuvre, vient de l'amiral Nevelskoy, dont c'est l'immortelle et glorieuse auréole.

L'auteur a accompli sa tâche. Il a essayé, dans la mesure de ses forces, de faire connaître à la France un des hommes les plus intrépides de ce siècle, une des plus admirables femmes qui aient jamais existé. Il sent avec une réelle amertume combien son modeste pinceau a été insuffisant pour retracer en un éclatant tableau l'épopée gigantesque de l'annexion amourienne et la grande silhouette de son principal héros. Pourtant, si cette histoire abrégée de sa vie et de son œuvre inspire aux autres le respect et l'amour de son nom, l'auteur sera récompensé au delà de ses espérances, amplement payé de sa peine, entièrement absous de sa pieuse audace.

9022. — May & Motteroz, L.-Imp. réunies, rue St-Benoît, Paris.